Armin Richter

Momente im Leben

Armin Richter

Momente im Leben

40 Kurzgeschichten mit Fragen zum Nachdenken

Fromm Verlag

Impressum/Imprint (nur für Deutschland/ only for Germany)
Bibliografische Information der Deutschen Nationalbibliothek: Die Deutsche Nationalbibliothek verzeichnet diese Publikation in der Deutschen Nationalbibliografie; detaillierte bibliografische Daten sind im Internet über http://dnb.d-nb.de abrufbar.

Coverbild: www.ingimage.com

Contact:
International Book Market Service Ltd., 17 Rue Meldrum, Beau Bassin, 1713-01 Mauritius
Website: www.bookmarketservice.com
Email: info@bookmarketservice.com

Gedruckt in: USA, UK, Deutschland. Dieses Buch wurde nicht in Mauritius produziert.

Imprint (only for USA, GB)
Bibliographic information published by the Deutsche Nationalbibliothek: The Deutsche Nationalbibliothek lists this publication in the Deutsche Nationalbibliografie; detailed bibliographic data are available in the Internet at http://dnb.d-nb.de.

Cover image: www.ingimage.com

Contact:
International Book Market Service Ltd., 17 Rue Meldrum, Beau Bassin, 1713-01 Mauritius
Website: www.bookmarketservice.com
Email: info@bookmarketservice.com

Printed in: U.S.A., U.K., Germany. This book was not produced in Mauritius.

ISBN: 978-3-8416-0356-2

Inhaltsverzeichnis:

Ein bisschen mehr als ein Vorwort

„Wer hat etwas erlebt, was er gern erzählen möchte, wie Gott ihn berührt hat, wodurch wir etwas lernen können?“ Wenn man so in eine Runde hinein fragt, kommt in der Regel kaum ein Beitrag. Aber wenn jemand anfängt, etwas zu erzählen, fällt meistens einem anderen auch etwas ein. Und dann einem Dritten und einem Vierten – die Erzählrunde gelingt. Damit der Start nicht so schwer ist, entwickelte ich ein paar Fragen, die uns auf die Sprünge helfen sollen. Hier sind sie:

Fragen zum Erinnern an Gottes Führung

- Hattest du den Eindruck, dass Gott die Umstände bestimmt hat?
- Fandest du Grund zum Danken?
- Dachtest du in irgendeiner Situation an die Wiederkunft Jesu?
- Hat Gott mindestens eines deiner Gebetsanliegen erhört?
- Hat Gott dir einen bestimmten, weiterhelfenden Gedanken gegeben?
- Hattest du eine dir besonders wichtige Begegnung mit einem anderen Menschen?
- Ist dir ein Bibelwort besonders wichtig geworden?
- Wurdest du im Straßenverkehr von Jesus besonders beschützt?
- Konntest du mit mindestens einem Menschen über Gott sprechen?
- Hat dir die Natur Anlass gegeben, Gott zu loben und zu danken?
- Gab es Augenblicke, in denen Gott dir sagte: Ich bin da?
- Musstest du eine Entscheidung treffen und hast Gottes Leitung verspürt?
- Gab es Kritik, die dich im Leben voran brachte?
- Wurde in deiner Umgebung Gott gelobt?
- Erlebtest du eine ganz normale Woche ohne große Höhepunkte und bist Gott dafür dankbar?

Und dann lässt uns meistens unser Gedächtnis nicht mehr im Stich, dann erinnern wir uns an die eine oder andere Situation – ein neues Buch mit Geschichten könnte

entstehen. Wir brauchen sie, weil wir aus Geschichten lernen und leben. Geschichte lebt aus Geschichten; und da wird es persönlich.
Momente im Leben – entstand aus dem Alltag, aus den Gedanken im Arbeitszimmer, beim Beschäftigen mit der Bibel, in der Erinnerung an früher, aus Begegnungen mit Menschen, beim Zuhören, unter Mitfreuen und Mitweinen.
Momente im Leben – nicht immer spielt Gott eine zentrale Rolle, aber immer wurden sie als Christ erlebt, geschrieben und haben uns etwas zu sagen, manchmal als direkte Geschichte, manchmal fast als Märchen.
Momente im Leben – erfreuen, nachdenken, austauschen. Wenn das daraus entsteht, hat jeder Beitrag seinen Sinn gegeben. Und das Leben wird ein klein wenig wertvoller und gesegneter.

Wer möchte, kann die Geschichten methodisch in Gesprächsrunden und Themen einsetzen; dazu die Zeilen „Stichwort“ und „Zum Nachdenken“.

Stichwort: Schöpfung, Liebe Gottes, Wunder

Blumen und Vögel

Ich sitze am Fenster, habe die Tageszeitung gelesen und schaue noch etwas hinaus. Da sehe ich die Mauersegler in einem Art Formationsflug vorbeijagen. Sie erhaschen meine Aufmerksamkeit. Bevor ich sie mir ansehen kann, ist alles schon vorbei. Ich versuche ihnen hinterher zu schauen, aber auch das gelingt nicht, denn sie kommen schon wieder vorbei gejagt. Jetzt nutze ich die Gelegenheit, sie mir anzusehen: Wie sieht ihr Schwanz im Flug aus, welche Färbung haben sie in der Morgensonne? Ich kann diese Fragen nicht beantworten, denn so schnell sie kamen, so schnell sind sie wieder weg. Ich weiß, dass sie Mücken und Fliegen fressen; anscheinend gibt es auf oder besser über dem Platz, an dem ich wohne, genug davon, denn sie kommen immer wieder vorbei; und das sicherlich nicht meinetwegen, auch wenn es mich ehren würde. Sie jagen durch den Himmel, nicht nur allein, nein, immer fliegen eine ganze Menge, kreuz und quer, tief zu Boden jagend ohne aufzuschlagen, dann wieder nach oben jagend , dass man sie kaum noch sieht, und plötzlich sind sie da – und weg. Und dann überholen sie in der Luft noch Artgenossen! Und das geht jedes Jahr so, ohne Unfall - es lag noch nie ein verkehrstoter, beim Flug verunglückter Mauersegler auf unserem Platz - jagen sie durch die Lüfte. So ein schneller Flieger! Mir würde dabei schwindlig werden, auch wenn ich schon immer Pilot werden wollte (aber nie geworden bin).

Bei Schwalben habe ich mal beobachten können, wie sie die Mücken wegfressen: Wir zelteten als Familie an einem See. Naturgemäß gab es dort viele Mücken, aber auch viele Schwalben. Sie fliegen ja ähnlich schnell wie die Mauersegler. Eine Mücke stieg auf und schwups, war eine Schwalbe zur Stelle und fing sie weg. Die nächste Mücke flog durch die Luft, aber die Schwalbe war schneller, flog zielgerichtet auf sie zu und weg war die Mücke. Das hat mich begeistert. Lange habe ich dieses Spiel der Natur beobachtet. Ich dachte mir, so eine Schwalbe müsstest du wenigstens im Sommer als zahmen Vogel haben, dann gäbe es weit weniger

Mückenstiche auf deiner Haut. Bleibt mir nur weiter das Teebaumöl gegen die Stiche der Mücken.
Und ich denke: Ist das nicht Wahnsinn, was Gott in diese Vögel hineingelegt hat? Kein Mensch kann so ein Ortungssystem bauen, das so präzise, so schnell, und so reaktionsstark wäre, sonst gäbe es keine Flugzeugabstürze bei Flugschauen. Diese kleinen Piepser jagen durch den Himmel, werden dabei satt, weil sie vieles im Flug wegfangen (manchmal mir noch viel zu wenig), scheinen gar nicht müde zu werden und freuen sich des Lebens. Alle Achtung vor dem Schöpfer.
Ganz anders auf einer Blumenwiese: Hier ist es wesentlich ruhiger. Die Blumen stehen hier, wiegen ihre Köpfe im Wind, vielleicht lachen sie auch, wenn sie von Käferbeinen gekitzelt werden (wir Menschen hören es ja nicht – oder doch?). Da steht der gelbe Hahnenfuß, Löwenzahn, Margariten, Kamilleblüten, Gänseblümchen, Schafgarbe in weiß und leichtem Rosa, am Rand ein paar rote Klatschmohnblüten und dazwischen natürlich noch so manche Blüte, einfach in Grün: manches Gras blüht, auch der Spitzwegerich. Diese Wiese sieht einfach schön aus. – Ich sehe mir die Blüten von der Nähe an. Sie sehen bezaubernd aus: Klatschmohn hat immer die gleiche Anzahl an Blütenblättern, nie kommt eins mehr oder weniger. Das ist übrigens auch bei den wilden Stiefmütterchen so und bei … (Haben Sie selbst mal einige Blütenblätter gezählt und verglichen?), ja, auch bei der Kamille und beim Hahnenfuß. Und auch beim Löwenzahn? Da gibt es tausende Blüten vom Gänseblümchen – und immer haben sie die gleiche Anzahl Blütenblätter. – Und noch etwas fällt mir auf: Hier auf der Wiese gibt es viele verschiedene Blumen. Noch mehr werden es in einem Blumengarten. Allein die vielen verschiedenen Dahlien – eine Pracht! Und dann wollen mir einige Leute erzählen: Das hat die Pflanze so herausgebildet, weil sie gemerkt hat, dass bestimmte Insekten auf bestimmte Blüten zufliegen. Ich habe den Eindruck, dass es der Hummel egal ist, ob der Fingerhut weiß oder violett aussieht; dass es den Insekten egal ist, ob die Dahlie weiß, rot, geflammt, gelb, einfarbig oder mehrfarbig aussieht. Dieselben Insekten fliegen zu weißen und zu gelben Korbblütern, also wozu so verschwenderisch? Ich habe darauf nur eine Antwort gefunden. Vielleicht ist sie biologisch nicht wertvoll, damit kann ich leben.

Aber ich finde sie trotzdem toll: Die Blumen sind für den Menschen gemacht. Die Insekten brauchten keine so große Vielfalt – weder zur Nektarsuche, noch zur Orientierung auf der Wiese oder im Garten. Das ist doch phantastisch: Gott schuf die vielen bunten Blumen, weil er uns Menschen erfreuen möchte – auch mich – und auch Sie! Schauen Sie sich die nächsten Blumen an: Sie sind auch für Sie von Gott geschaffen.

<u>Zum Nachdenken:</u> Bei welcher Gelegenheit fand ich die Natur interessant? Was hat mich besonders angesprochen? Wie bringe ich Gott mein Lob zum Ausdruck?

Strichworte: Gaben, Fähigkeiten, Einmaligkeit

Von der Genialität der Einmaligkeit

Ich sitze in einem Konzert und genieße den Klang der Blechbläser. Sie spielen wunderbar, eine Mischung aus Klassik und Moderne. Ich genieße diesen Abend und schwinge innerlich mit der Musik. Musik ist doch etwas Phantastisches, sie kann einen total mitreißen. Nach einem straffen Arbeitstag hilft das zum Entspannen. Es ist schon Wahnsinn, wie die Künstler ihre Instrumente beherrschen, was sie aus ihnen an Tonvarianten herausholen und wie sie mit einander harmonieren. Selten habe ich so phänomenale Musik gehört. – Am nächsten Tag denke ich: Mensch, du hast doch auch mal ein Instrument gelernt. Probier es doch wieder mal. Und so nehme ich es mir vor, entstaube es, stimme es (es gelingt mir noch) und beginne irgend etwas zu spielen. Ich brauche nicht lange, bis ich merke: Du bist nicht einmal ein Schatten von dem, was du gestern hörtest. Ich bin kein Musiker, ich kann das einfach nicht, nicht weil ich nur üben müsste, es ist nicht meins. Es bleibt mir nur, die Trauer über die eigene Grenze auszuhalten.

Meine Frau und ich sehen uns die Gemälde eines Künstlers unserer Umgebung an. Er malte Landschaften und Tiere, Häuser und Situationen. Wir treten von Bild zu Bild und bewundern sie, eins ist schöner als das andere: Der Fuchs an der Birke, der Uhu auf dem Ast, die Bauersfrau auf ihrem Hof, die Mühle am Wald, das Rapsfeld im Sonnenaufgang, … Wir beide sind von den Bildern begeistert: so klar, so wirklichkeitsnah, fast wie eine Fotografie. Wahnsinn, wie man so malen kann. – Zu Hause erinnere ich mich, dass ich in der Schule im Zeichnen eine „1“ hatte. Schnell nahm ich mir ein Blatt Papier heraus und versuchte die Blumen auf dem Tisch zu skizzieren. Nach einer Stunde merkte ich, dass es mehr nach einem Lagerfeuer als nach einer schönen Vase mit Blumen aussah. Anscheinend genügt keine „1“ in der Schule, um phantastische Bilder zu malen. So beendete ich meine Malkünste mit einem Seufzer.

Vor Kurzem hörte ich einen begnadeten Redner. Wie er die Sätze formulieren konnte! Und ab und zu kannte er ein geflügeltes Wort, welches genau an die Stelle passte. Manchmal rezitierte er einfach so ein Gedicht. Dann erzählte er total trocken einen Witz, so dass wir alle lachen mussten. Eine Geschichte, ein paar knappe Erklärungen, ein Symbol – und schon war 45 Minuten Redezeit wie im Flug vergangen. Alles passte wunderbar zusammen. Es war nicht nur kurzweilig, ihm zuzuhören, jede Formulierung hat das Thema so richtig plastisch gemacht. Ich war total begeistert. So müsstest du auch reden können. – Nach ein paar Tagen musste auch ich eine Rede ausarbeiten. Ich versuchte alles so geschliffen wie möglich in den Computer zu tippen. Bald merkte ich, dass ich kein Gedicht zum Thema kannte, nicht mal ein geflügeltes Wort, erst recht keinen Witz. Ich begann zu resignieren – und hörte auf zu schreiben. Ich kann es eben nicht!

Aber dann kam meine Frau herein. Sie merkte, dass mit mir etwas nicht stimmte. Ich erzählte ihr meinen Kummer. Sie: „Ich merkte schon beim Malen deines Bildes, dass irgend etwas nicht stimmte. Und als du plötzlich das Instrument herausholtest, dachte ich schon: Was ist denn jetzt in ihn gefahren?“ Und dann meinte sie: „Du bist du. Du bist nicht der Künstler, der die Leute mit Blechblasmusik begeistert. Du bist nicht der Maler, der die Tiere malt, als wenn sie lebten. Du bist nicht der Gedichteerzähler, vielleicht ein Heinz Erhard. Du bist du. Deine Reden hört man gerne, sie geben Impulse zum Leben. Deine Strichmännchenzeichnungen begeistern jung und alt. Und wenn du singst, singst du mit Überzeugung. Bleib wer du bist; du wirst so gebraucht, wie du bist.“

Es tröstete mich und gab mir neuen Mut, dass Gott mich so will, wie ich bin, und auch einen Platz für mich hat.

Zum Nachdenken: Was kannst du ein bisschen? Wie kannst du das für andere einsetzen?

Stichworte: Leben mit Jesus, bekennen, Mission, Gemeinschaft

Bernd lernt Jesus kennen

Der Tag plätschert vor sich hin, allmählich steht die Sonne immer tiefer, die Dämmerung beginnt. Bernd G. streift durch die Straßen. Was soll er heute Abend eigentlich machen? Im Kino kommt nichts Sehenswertes, kein Mädel, keine Lust, keine Ahnung. Da wird er von ein paar jungen Leuten angesprochen: Hallo, dürfen wir dich zu unseren Abenden „Kreuz ist Trumpf" einladen? Bevor er ja oder nein sagen kann, bekommt er einen Zettel vor die Nase gehalten. Man erklärt ihm, was das ist und wo um wie viel Uhr das stattfindet. Die Leute verabschieden sich und wünschen, sich dort wieder zu sehen. Ob er hingeht? -

Da er sowieso Zeit hat, geht er eben dort hin. Dort hört er von Jesus. Was ihm wichtiger ist: Dort sind nette Leute, auch ein paar flotte Bienen. Am nächsten Abend ist er wieder da und auch am übernächsten. Irgendwie gefällt es ihm, es tut ihm gut, in Gemeinschaft mit den anderen zu sein; zu erzählen, was ihn bewegt; einen warmen Tee zu trinken und auch tolle Mädels zu sehen. –

Nach der Jugendevangelisation wird er in den „Juice-Shop" (es klingt einfach besser als „Saft-Laden") eingeladen. Eine Familie bietet diesen Treff an. Sie hat ein Haus und ein großes Grundstück. Sie trinken gemeinsam Saft und reden über Jesus. Einmal in der Woche trifft man sich hier, hat Gemeinschaft mit anderen jungen Leuten und gutes Essen. Dann hält der Chef einen Vortrag über Jesus. So manches ist interessant, über einige Fakten muss Bernd noch nachdenken. So schnell geht das alles nicht in seinen Kopf. Manchmal kann man einander helfen. Da er ein Mann der Tat ist, darf er dem Hausherrn im Garten zur Hand gehen. Das macht ihm Spaß. Auch dabei lernt er eine Menge. Mit einer Biene ist es nichts geworden, die sind anders als er sich wünschte, aber Jesus und die Freundschaften zu anderen sind ihm wichtiger. Er beginnt zu beten – wie ungewohnt ist es am Anfang, zu und mit Jesus zu reden. Aber Jesus muss wirklich einer sein, den er brauchen kann; das spürt er. Er beginnt, sein Leben nach Jesu Maßstäben einzurichten, z. B. den Sabbat zu halten und sich auf Arbeit dafür einzusetzen, samstags nicht arbeiten zu müssen. Er gibt ihm von seinem

wenigen Geld den Zehnten. Dabei erlebt er, dass er am Monatsende trotzdem alles bezahlen konnte und noch Geld übrig hat. Das gab es früher nie. Er kann es sich nicht erklären, wie das funktioniert hat. Er kommt zum Gottesdienst mit in die Kirchgemeinde. Dort trifft er wieder neue Leute. –
Das Wichtigste ist ihm aber die Gartenarbeit mit dem Hausvater. Denn dabei kann er sich über das Gehörte unterhalten: Wie leben die anderen mit Jesus? Warum soll gerade ein Leben mit Jesus Sinn machen? Wie kann er sich mit seiner Persönlichkeit für Jesus einsetzen? Was erwartet Jesus von ihm? Wie gut muss er sein, um zu Jesus dazugehören zu dürfen? Was kostet dieses ganze Mitmachen des christlichen Rummels? Manches Missverständnis kann beim gemeinsamen Arbeiten aufgeklärt werden. Er merkt, dass Leben mit Jesus echt lebensbereichernd ist. Es ist keine neue Ideologie, kein Verein, sondern Jesus möchte auch sein Freund sein. Er entdeckt, wie ihn die Beziehung mit Jesus verändert. Das fasziniert ihn. Deshalb bringt er seine Bekannten mit in den Juice-Shop. Auch sie sollen sehen, wen er da entdeckt hat – und damit meint er Jesus. Viele kommen, mancher geht, ein paar bleiben. Nach über 4 Jahren trifft Bernd eine Entscheidung: Er lässt sich taufen – und setzt sich weiter für andere ein: auch sie sollen Jesus kennen lernen. Er hat erlebt, was Jesus einem Menschen bedeuten kann. Er ist froh, dass ihn damals an diesem langweiligen Abend ein paar Jugendliche angesprochen haben.

<u>Zum Nachdenken:</u> Wer braucht mich? Wie könnte ich … im Leben begleiten?

Stichworte: Gottes Führung, begrenzte Sicht

Was ist gut an einer Autopanne?

Samstag Abend: Rückfahrt von einer Sitzung, ein paar Kilometer vor meiner Abfahrt auf der Autobahn beginnt der Motor zu knattern: erst ein wenig (mein Beifahrer nimmt es noch gar nicht wahr), dann wieder nicht, dann stärker. Wenn ich beschleunige, wird das Geräusch stärker, wenn ich vom Gas gehe, wird es schwächer. Kurz vor der Abfahrt wird es so stark, dass es auf uns beide bedrohlich wirkt. Ich fahre von der Autobahn, zwei Ampeln weiter und halte am Straßenrand an. Unter dem Auto: ist nichts Auffälliges zu sehen. Im Motorraum: da sieht man heute sowieso nichts Auffälliges. Alles scheinbar in Ordnung – nur dass es knattert. Wir fahren weiter. Im übernächsten Dorf zeigt das Display: „Einspritzung überprüfen" und die „Service"-Lampe leuchtet auf. Jetzt wird es mir zu heiß, an einem Seitenweg halte ich an. Telefonieren. Wie es in solchen Situationen meistens ist: Ich habe mein Handy nicht dabei, mein Beifahrer ausgerechnet heute auch nicht. In einem nahe gelegenen Haus ist man so freundlich und borgt uns ein Telefon. Mein Beifahrer kann mit zu Hause telefonieren und wird ein paar Minuten später abgeholt. Ich warte auf den Abschleppwagen. Zwischendurch verkürzt mir ein neugieriger Nachbar die Wartezeit und erkundigt sich, was los ist. Schließlich kommt der Abschleppdienst. Ich starte den Motor, er aber gibt Zeichen, dass ich ihn gleich wieder ausschalten solle. „Das klingt nicht gut: Kurbelwellenschaden oder Ventilschaden." So seine Diagnose. Er bringt mich mit meinem Auto zur Werkstatt. Am Montag bestätigt sich die Diagnose: Mein Fahrzeug braucht ein neues Herz, einen neuen Motor (viel Geld!). – Was hat das alles mit Gott zu tun?

1) Der Schaden trat auf der Rückfahrt auf. Viel schlechter wäre es auf der Hinfahrt zur Sitzung gewesen.
2) Eigentlich wollten wir am Sonntag wegfahren, hatten aus verschiedenen Gründen bereits am Freitag die Aktion absagen müssen, was uns Leid tat. Jetzt wäre es ohnehin nicht geworden.

3) Eigentlich wollte ich am Montag Kirchgemeindemitglieder besuchen, wozu ich das Auto gebraucht hätte. Aber es entstand kein Besuchstermin. Wie gut, denn ich musste am Nachmittag nochmals in die Werkstatt und bekam erst nach 16 Uhr ein Leihfahrzeug.
4) Hätte ich nicht den Notfalldienst gerufen, müsste ich selbst den Leihwagen bezahlen. So wurde es für mich getan.
5) Mit Austauschmotor habe ich einen guten Gebrauchten bekommen, denn ich weiß, wie ich meinen gefahren habe und was ich an ihm habe. Ein anderer gebrauchter Wagen ist mitunter voller Überraschungen.

War doch von Gott gut eingefädelt – oder?

Zum Nachdenken: Wie habe ich Gottes Führung erlebt? In welchen Situationen war ich zu ungeduldig – und konnte ich hinterher erfahren, dass es doch so am Ende gut war?

Stichworte: Helfen, auf den anderen einlassen, für den anderen dasein

Was braucht der andere?

An meinem Fenster im Erdgeschoss steht auf einem Schild: Mein Name, Seelsorger, Telefonnummer. Es ist interessant, was die Leute damit anfangen. Viele Leute lesen es laut vor, wenn sie spazieren gehen. - Eines Tages klingelte mein Telefon. Ich meldete mich. Sie: Wo ist hier auf dem Platz … und dann nannte sie eine Hausnummer, die schwer zu finden ist. Ich erklärte es ihr. Dann fragte ich, wie kommen Sie dazu, mich anzurufen? Sie: Ich suchte jemanden, der mir helfen kann. Da sah ich ihre Nummer im Fenster. - Ein anderes Mal rief ein Mann an, ich war gerade nicht zu Hause. Er wollte sich wieder melden. - Ich hatte das Fenster zum Lüften offen und unterhielt mich mit einem Nachbarn. Eine Gruppe Touristen schlenderte vorbei. Sie lasen alle das Schild. Einer aus der Gruppe meinte, dass er es gut findet, dass so ein Schild zu lesen sei. Er ist auch Seelsorger und freute sich, einen Kollegen zu treffen.

Wir sitzen zum Frühstück im Mehrgenerationshaus zusammen, so wie wir es jeden Donnerstag tun. Da kommt ein Mann herein, wir kennen uns, er weiß, dass wir um diese Zeit hier sind. Er sieht ziemlich verweint aus und hält eine Bierflasche in der Hand. Er kommt auf mich zu. „Ich muss erstmal mit jemandem darüber reden. Da reiße ich mir den Arsch auf, versuche irgend wie Geld für die Familie ranzuschaffen, trage Zeitungen aus, helfe beim Verein mit oder auf dem Markt. Und dann sagt der im Haus zu mir: Ich sei ein Assischwein. Ich besaufe mich nicht, ich bin kein Assischwein.“ Er kann seine Tränen nicht verbergen und weint wie ein kleines Kind. „Eh, das ging mir so durch, nennt der mich Assischwein. Der weiß gar nicht, was ich alles versuche.“ Er weint erneut. „Assischwein hat er gesagt. Das bin ich doch gar nicht! Da musste ich mir erstmal ein Bier hinunterkippen. Ich finde das ja unerhört!“ Nach einer Weile hatte er sich beruhigt und meinte: „Danke, dass ich mich bei euch mal ausheulen konnte. Das habe ich jetzt mal gebraucht.“ Und stand auf und ging. Und ich? Ich konnte ihm einfach nur zuhören.

Es ist Abend. Am Straßenrand steht ein Lastzug. Er trägt ein belgisches Kennzeichen. Wenn abends fremdländische Lastzüg am Straßenrand stehen, bedeutet es meistens, dass sie ihren Weg nicht finden. Sie sollen bestimmt in einen kleinen Betrieb fahren und suchen nach der richtigen Straßenführung. Ein bisschen Englisch kann ich, so frage ich den Fahrer, was er suche. Er zeigt mir einen Zettel mit einer Firmenanschrift. Ja, denke ich, das ist auch schwer zu finden, denn mein Wohnort hat viele Dörfer, die eingemeindet sind. Ich beschreibe ihm den Weg und er freut sich, dass es weiter geht.

Es ist schon 30 Jahre her: Ich studiere und wohne dazu im Internat. Ein Studienkollege kommt zu mir ins Zimmer gestürzt und hält mir seinen Quarzwecker hin. „Hier, der geht nicht mehr. Kannst du ihn nicht reparieren?" Ich nehme das Gehäuse ab, schaue hinein, ob ich etwas finde und mache irgend etwas. Dann ruckt der Zeiger wieder. Ich baue den Wecker zusammen. Er freut sich unbändig. Plötzlich hält er inne und sagt: „Du bist doch gar kein Uhrmacher, du hast ja Mechaniker gelernt." Richtig, aber der Wecker funktionierte wieder – und das war wichtig.

So könnten wir viele Geschichten anfügen, in denen wir erzählen könnten, wie wir anderen geholfen haben. Nicht immer ist unsere Hilfe so, wie wir sie uns vorstellen. Wie Hilfe aussieht, bestimmt in der Regel der andere. Vielleicht muss er nur mit mir mal reden, um sich selbst klar zu werden, was er tun kann. Vielleicht kann ich nur zuhören, obwohl ich auch etwas sagen würde. Vielleicht kann ich helfen, ohne selbst davon etwas zu haben. Aber ich finde es wichtig, dem Menschen zugewandt zu leben. Dann gelingen Kontakte, manchmal können wir dem anderen helfen – und sein Leben wird ein bisschen verschönert. Das lohnt sich.

Zum Nachdenken: Wem könnte ich heute helfen? Wie kann es gelingen, so zu helfen, dass es dem anderen auch wirklich Hilfe ist?

Stichwort: Sinn des Lebens, bewusst leben

Die Turmuhr oder der Sinn des Lebens

Es waren einmal eine Turmuhr, ein Gouda-Käse, ein Verkehrsschild "Vorfahrt beachten" und ein Eisbär. Fragen Sie bitte nicht, wie diese Vier zusammenkamen. Jedenfalls unterhielten sie sich. Wer genau diese Frage stellte, konnte in der hitzigen Diskussion nicht mehr gesagt werden, aber die Frage war da: „Wozu bist du eigentlich da?“

Die Turmuhr: „Ich bin da, weil ich dem Menschen die Zeit anzeigen möchte.“

Der Käse: „Das ist völlig sinnlos, denn die Leute in New York, die Leute in Amsterdam und die Leute in Tokio haben zum gleichen Zeitpunkt völlig unterschiedliche Zeitangaben. Ich bin da, damit die Leute einen Genuss haben, wenn sie essen.“

Turmuhr: „Vielleicht hast du Recht. Dann bin ich eben da, um meine wunderbare Mechanik zu erhalten.

Käse: So ein Blödsinn - Mechanik erhalten. Eines Tages wird alles elektronisch gesteuert. Dann fliegt die Mechanik auf den Schrott!“

Turmuhr: „Dann bin ich eben da, um in der Luft die Vögel zu leiten, damit sie nicht aneinander stoßen.“

Das Verkehrsschild: „Das ist ganz wichtig! Aber ich bin einfach so da, um Farbe ins Leben zu bringen. Es fehlt viel zu viel Rot - und damit meine ich keine Partei, sondern den Alltag.“

Der Eisbär: „Was redet ihr für sinnloses Zeug: Vögel zu lotsen. Turmuhr, du bist sinnlos! Und du, Verkehrsschild, du bist völlig fehl am Platz, wenn du diesen Sinn siehst. - Damit mehr Rot da ist, so ein Quatsch - ich sehe nämlich Rot, wenn ich dich sehe. Du bist da, um den Autofahrern zu sagen, wenn sie besonders aufpassen müssen.“

Verkehrsschild: „Vielleicht. Wenn ich aber sehe, wie mancher fährt - er sieht mich nicht mal an - dann kann ich nur mit den Ohren schlackern. Freilich bleiben dann meine Ohren - oder meine Ecken - auch mal nach hinten gebogen.“

Der Eisbär: „Das ist gefährlich. Du musst den Leuten etwas Wichtiges mitteilen."
Käse: „Aber wozu bist du denn da? Du bist doch nur ein gefährliches Raubtier. Gut, dass wir nicht aus Fleisch sind, sonst wärst nur noch du allein hier, weil du uns gefressen hättest."
In diesem Augenblick gab es einen lauten Knall: und neben den Vieren lagen fünf 1, zwei 2, eine 3, eine 4, eine 5, eine 6, eine 7, eine 8, eine 9 und eine 0, dazu eine Menge Zahnräder. Die Turmuhr hatte sich vom Turm gestürzt. Die Unruh hauchte mit letztem Zucken: „Das ist das Ende: Zu nichts nütze, das Leben ist sinnlos, es ist aus." Und das Verkehrsschild beugte sich teilnahmsvoll herunter.
Eisbär: „He, du! Du kannst dich nicht herunterbeugen. Da kommt ein Auto! Aber: Wozu ich da bin? Ich bin zur Arterhaltung da. Mit uns Eisbären geht es mehr und mehr dem Ende entgegen. Das Eis schmilzt und für uns bleibt kaum noch Platz zum Leben. Wir müssen alles Fressbare fressen, sonst gibt es uns bald nicht mehr. – He du, Käse, wie schmeckst du eigentlich?"
Mit diesen Worten kam er ganz dicht an den Gouda-Käse. Dieser zitterte schon, denn er roch den Atem des großen Tieres und spürte schon die Zähne des Eisbären. Damit wäre der zweite Gesprächspartner aus dem Leben geschafft, denn die Turmuhr gab es ja nicht mehr als solches. Aber kurze Zeit später ging der Bär wieder weg.
Eisbär: „Noch bin ich nicht hungrig genug, Käse zu essen. Wärst du aus Fleisch und Blut, wäre es um dich gewesen. Aber wozu liegt das ganze Metallzeug hier? Es ist ja richtig gefährlich: Wenn man da hinein tritt, verletzt man sich die Pfoten."
Käse: „Das kommt von der Turmuhr."
Verkehrsschild: „Ich verstehe das nicht: Warum stürzt sich die Uhr vom Turm? Manche Leute ignorieren mich auch. Deshalb darf man sich doch nicht selbst zerstören. Andere brauchen mich. Und wenn nicht alle die Turmuhr beachten, ist das kein Grund, seine Existenz aufzugeben. Die trug wohl ihre Nase oder Zeiger zu hoch!"
Käse: „Eben. Der Sinn des Lebens ist auf unserer Erde immer subjektiv, nie objektiv."
Eisbär: „Wie meinst du das?"

Käse: „Immer ist man nur für einige da: Ich nur für Käseesser. Wer keinen isst, sieht in mir keinen Sinn. Du, Eisbär, für deine Artgenossen; die Turmuhr für die, die zu ihr aufsehen, sie ansehen und sich nach ihr richten wollen; und du Verkehrsschild für die Autofahrer. Für den Eisbär, für mich und für die Turmuhr bist du sinnlos. Lebenssinn ist subjektiv, aber trotzdem notwendig und gut. Wehe dem, der seinen Lebenssinn nicht lebt!"

Aber da kam wieder eine Frage, und wieder konnte man nicht feststellen, wer sie stellte: „Aber, wozu sind die Menschen da?" Haben sie einen besseren Sinn als Dinge und Tiere? Darauf fanden sie keine Antwort, denn sie konnten ja nicht mit den Menschen sprechen. –

Zum Nachdenken: Wozu sind Sie da? Welchen Sinn hat ihr Leben? Wie kann man einen Sinn in sein Leben bringen?

Stichwort: Helfen, die eigene Bequemlichkeit überwinden

Der barmherzige Samariter im 21. Jahrhundert

Die Familie von Fritz ist in der Kirchgemeinde sehr aktiv. Die Mutter und die Tochter arbeiten aktiv im Kindergottesdienst mit. Fritz und sein Sohn Christoph helfen im Predigtdienst. Manchmal kommt es vor, dass beide am gleichen Tag an verschiedenen Gottesdiensten teilnehmen.

Heute ist wieder mal so ein Tag, an dem beide im Einsatz sind. Heute besucht Fritz die Kirchgemeinde am Heimatort, Christoph fährt in eine Nachbargemeinde zum Gottesdienst. Die Mutter hat es gern, wenn ihre Gitarre und ihr weiteres Material, was sie für den Gottesdienst braucht, mit dem Auto zum Kirchgemeindehaus gefahren werden kann, so muss es nicht die 1,5 km getragen werden. Da Christoph sowieso dorthin fährt, kann auch der Vater seine Tasche mitgeben. Er läuft dann später mit der Tochter. So geplant, so gemacht: Christoph und die Mutter fahren, Vater und Tochter laufen.

Als der Vater ankommt, sucht er seine Tasche. Darin ist ja das Predigtkonzept, die Bilder zur Veranschaulichung und auch die Faltblätter, die er heute im Rahmen der Predigt austeilen wollte. Er findet seine Tasche nicht. Er fragt die Mutter, wo sie die Tasche hingestellt hat. Sie kann sich nicht erinnern. Nach einigem Nachdenken, wird die Wirklichkeit wahr: Sie ist – natürlich aus versehen – bei Christoph im Auto geblieben und mitgefahren. Du Schreck, was jetzt?

Da der Gottesdienst zweigeteilt ist und Fritz erst im zweiten Teil seine Predigt zu halten hat, bleibt noch etwas Zeit. Also wäre es möglich, dass ihn jemand zu Christoph fahren könnte und er sich dort seine Tasche aushändigen lässt. Dann wäre er pünktlich zur Predigtzeit wieder zurück. Das müsste gelingen, klarer Fall. Nur, wen könnte er aus dem Gottesdienst herausreißen, damit er gefahren werden kann? Es ist ihm peinlich, wegen des Familienversehens jemanden zu bitten, aber es bleibt ihm kein anderer Weg. Er spricht den Gemeindeleiter an, erklärt ihm die Situation und bittet ihn, zu Christoph zu fahren. Der Gemeindeleiter aber meint, er könne jetzt nicht fahren, er ist ja der Leiter und könne jetzt nicht weg. Fritz denkt: Eigentlich hat

er Recht, einer muss ja die Leitung haben. So sucht er sich den diakonischen Leiter. Es fällt ihm nach seiner Absage beim Gemeindeleiter noch schwerer, sein Anliegen vorzutragen. Was ist, wenn auch der diakonische Leiter absagt? Er schämt sich, den Mann aus dem Gottesdienst herausreißen zu müssen. Schließlich hat er sein Anliegen geschildert. Zur Antwort hört er: „Ach, muss das denn sein? Ich habe die ganze Woche von früh bis spät arbeiten müssen. Heute bin ich froh, mal keine Verpflichtungen zu haben. Ich würde nicht fahren wollen." Fritz versteht auch diesen Mann, geht es ihm doch auch manchmal so, dass er mal froh ist, keine Verpflichtungen zu haben. Wie soll er nur an sein Predigtkonzept kommen? Noch eine Absage? Wer würde dann fahren? Vielleicht ist der dritte zu müde oder der vierte heute mal nicht mit dem Auto sondern mit dem Zug aus dem Nachbarort gekommen, der fünfte … Noch während er überlegt, kommt Nils auf ihn drauf zu. Nils hat einen grünen Kamm, nicht in der Tasche, sondern aus seinen Haaren geformt. Er kommt eigentlich nicht mehr zur Gemeinde. Früher als kleines Kind war er manchmal hier, aber schon lange nicht mehr. Warum er heute hierher gekommen ist, weiß er selbst nicht so recht. Er kommt auf Fritz zu: „Hey, Alter. Ich habe den Eindruck, du hast ein Problemchen. Kann ich dir helfen?" Eigentlich ist es eine Frechheit, ihn einfach so anzuquatschen und „Alter" zu nennen. Aber er lässt es geschehen, schluckt es hinunter und erzählt ihm sein „Problemchen". Nils: „Wenn du willst, fahre ich dich. Ich habe aber nicht so eine schmucke Kiste wie du. Bei mir steht auch drauf ‚I love you' und dahinter ist das Zeichen für weiblich. Und drin habe ich nicht aufgeräumt. Wenn du willst, fahre ich dich. Will'ste?" –
Fritz nimmt das Angebot an. Auch wenn das Auto alle Vorstellungen weit unterbot, das Aussehen und auch die innere Ordnung waren schon eine Zumutung, können sie zu Christoph fahren und seine Tasche holen – alles ist gerettet. Vielleicht kam Nils deshalb heute zum Gottesdienst? Wie heißt es in der Bibel: Wen der Geist Gottes treibt, …

<u>Zum Nachdenken:</u> Bin ich bereit, in des anderen Not über meinen Schatten zu springen? Was macht uns dienstbereiter?

Stichwort: Verfahren, Weg suchen, Orientierung

Verfahren in Budapest

Vor einigen Jahren waren wir als Familie in Ungarn im Urlaub. Da wir den Balaton schon kannten, wollten wir in die Puszta, in die große Ebene Ungarns, wo wir Land und Leute im alltäglichen Leben erleben können. Wir suchten uns aus dem Campingführer einen Zeltplatz heraus. Dann ging es los: Über Tschechien und einer kleinen Ecke von Österreich fuhren wir nach Budapest. Nahezu alle Autobahnen in Ungarn führten damals über Budapest. Von meinem Bruder bekamen wir einen Stadtplan von Budapest. Er stammte noch aus sozialistischen Zeiten. Wir kamen im Westen Budapests in die Stadt und mussten im Osten wieder weiterfahren. Die Fahrt bis zur Landeshauptstadt war kein Problem. Wir dachten, dass eigentlich die Durchfahrtsstrecken ausgeschildert sein müssten, wie wir es von Prag kannten. Allerdings fanden wir nicht so viel Hinweisschilder wie wir gebraucht hätten. Eine Zeit lang ging alles gut. Dann dachten wir, wir müssten mehr Richtung Osten fahren. Sonst gelangen wir zu sehr in den Süden Ungarns. So fuhren wir von der Autobahn ab, mehr Richtung Osten. Wir fuhren und fuhren. Irgendwann kamen wir über eine Brücke über die Donau. Aber bald waren wir uns nicht mehr sicher, ob unsere gesuchte Straße wirklich auf die Autobahn nach Osten führt. Wir fuhren links herum, bald wieder rechts herum. Am Stand der Sonne konnten wir die Richtung nicht ablesen, sie schien kaum. Wie müssen wir fahren?

Einer erbarmte sich und studierte den Stadtplan. Jetzt müssten wir doch bald finden, wo wir fahren und welche Straße für uns die beste darstellt. Im Verkehr konnte ich nicht anhalten, die Familie fand unseren Standort nicht auf der Karte. Sie fanden zwar beim Vorbeifahren Straßennamen, aber diese nicht auf der Karte. Und die Namen auf der Karte fanden wir nicht am Straßenrand. Schließlich fuhr ich in eine Nebenstraße und hielt in einer Bushaltestelle an, um unseren Standort festzustellen. Ich suchte und suchte, wo es sein könnte. Den Straßennamen, den ich an der Straße fand, fand ich nicht auf der Karte. Als Pfadfinder fand ich doch immer – oder zumindest meistens den Standort und den Weg. Hier war nichts zu machen. Wir Fünf hatten zwar eine

Karte, ein Auto, eine Stadt, eine Ausbildung – aber alles passte nicht richtig zusammen. Warum, wusste keiner von uns. Es trieb uns fast zur Verzweiflung, hatten wir so eine Situation höchst selten erlebt.
Was machen wir jetzt? Weiter auf der Karte suchen erschien uns sinnlos. Jemanden fragen, aber da war niemand. Weiter fahren bis irgend etwas klar wird, erschien uns zu langwierig. Schließlich fuhren wir dorthin, wo Menschen sein müssten: In ein Wohngebiet. Alles Neubauten, kaum Platz, mit dem Auto zu halten, kaum Menschen. Schließlich gelang es, zu parken und zugleich einen Menschen zu finden, den wir fragen konnten, wir mit Null Ungarischkenntnissen. Die Frau war nett und verstand schließlich, welche Not wir hatten. Sie gab sich viel Mühe, mit unserem Plan zurecht zu kommen, was ihr schließlich auch gelang. Sie zeigte uns, wo wir waren und wie wir weiter fahren müssen. Wir hätten sie aus Dankbarkeit drücken und abküssen können, hielten uns aber an den Anstand, bedankten uns mehrmals und stiegen ins Auto. Nach einigen Minuten fuhren wir in die richtige Richtung, auf die Autobahn nach Osten und kamen sicher in der Puszta an.

<u>Zum Nachdenken:</u> Was hilft mir in solchen anscheinend aussichtslosen Situationen? Wie kann ich im Leben Orientierung finden?

Stichwort: Wanduhr, Hilfe, Nächstenliebe, Gebetserhörung

Die Rettung der Wanduhr

(Als Christen sagen wir „Bruder“ und „Schwester“ zu einander, weil Jesus unser Vater ist.)

Schon seit den 60er Jahren besitze ich diese schöne Wanduhr. Der Takt des Pendels, das Klingen der Klangstäbe zu jeder halben Stunde, der Anblick des einfachen Ziffernblattes, das allmähliche Absinken der Gewichte, die einfach nur wieder nach oben gezogen werden, und überhaupt die ganze Uhr gefällt mir schon seit etwa 50 Jahren. Ins Altenheim durfte ich sie mitnehmen und erfreute mich täglich an ihr – bis eines Tages unter mir ein Ehepaar einzog. Die Frau störte sich nachts am Klang der Uhr. „Ich werde jede Stunde wach und höre die Uhr schlagen.“ „Sie schlägt so laut, dass ich kein Auge zumachen kann.“ Ich klebte kleine Filze an das Uhrwerk, damit die Schwingungen nicht so stark auf die Wand übertragen werden konnten. Trotzdem verstand ich nicht, warum sie gerade jetzt stört. 50 Jahre störte sie niemanden. „Das ist unerhört, eine Uhr so laut schlagen zu lassen.“ „Wenn die Uhr nicht aufhört zu schlagen, ziehen wir wieder weg!“ Das wollte ich nun auch nicht: Den Wegzug eines Ehepaars aus dem Altenheim, nur weil eine, ja meine, Uhr so laut schlug. So hielt ich das Pendel an, damit die Uhr schweigt. – Jetzt war es still im Zimmer. Das mir so vertraute Ticken war nicht mehr zu hören. Die halben Stunden verstummten, denn die Klangstäbe blieben still. Ich wusste nicht mehr so recht, wie spät es war, die Zeiger standen still. Es belastete mich. Ich bekam mehr Kopfschmerzen als zuvor. Mir fehlte mein jahrzehntelanger Begleiter: Er hing stumm an der Wand. Ich trauerte um ihn. Und mir schien es, dass er auch um mich trauerte: Er durfte mir nicht sagen, wie spät es war. Mir ging es schlecht. Ich erzählte im Gebet meinem Herrn Jesus von meinem Kummer. Und doch belastete es mich sehr. Auch wenn ich niemanden mit meiner Angelegenheit belasten wollte, kam es doch einmal aus mir heraus gequollen; ich erzählte es einer Schwester Richter. Sie hörte sich meine Trauer an und meinte: „Mal sehen, ob sich da etwas machen lässt. Vielleicht kann dir eine andere Uhr helfen.“

Und so war schon ein Termin gemacht, an dem mir ein lieber Mensch vier andere Wanduhren vorstellen wollte.
Ich hatte ziemlich starke Kopfschmerzen und war ins warme Bett gegangen. Plötzlich klopfte es an meiner Zimmertür. Wer soll das denn jetzt sein? Vielleicht wieder das Ehepaar unter mir? Aber die Uhr stand still. Ich ging zur Tür. „Wer ist da?“ „Bruder Richter!“ Aber die Stimme kannte ich nicht. Wer war das? Naja, ich könnte ja einmal vorsichtig die Tür öffnen. Nach der Begrüßung sagte er: „Von meiner Mutter habe ich erfahren, dass deine Uhr zu laut schlägt. Vielleicht können wir da etwas machen.“ Ich lud ihn ein, herein zu kommen; und wir machten uns bekannt. Er: „Darf ich mal nachsehen?“ Ich dachte, warum nicht. Sie steht ja sowieso. Er nahm sie von der Wand, die Gewichte und Ketten machten alles unhandlich. Er sah sie sich von hinten an. Schließlich hatte er den guten Gedanken, die Gewichte auszuhängen. Jetzt war alles leichter. Er fragte: „Hast du ein Stückchen Stoff?“ Woher sollte ich so schnell ein Stückchen Stoff nehmen, ich bin ja keine Schneiderin. Mir fiel nur mein guter Staublappen ein. Da kann ich mir wieder einen besorgen. Ich zeigte ihn ihm. Aber er merkte gleich, dass der Preis doch vielleicht etwas zu hoch war. „Oder hast du ein Tempotaschentuch oder eine Serviette und Klebeband?“ Das war wesentlich leichter zu besorgen, eine Serviette lag auf dem Tisch. Und eine Schere dazu. Das Klebeband befand sich im Schrank. Dann schnitt er einen Streifen Papier aus der Serviette und befestigte ihn mit dem Klebeband an den Klangstäben. Jetzt war ich gespannt, welches Ergebnis diese kleine „Operation“ bringen würde. Er hängte die Uhr an die Wand, hängte dann die Gewichte in die Ketten ein und ließ das Pendel schwingen. Dann schlug sie zum ersten Mal. Es war ein anderer Klang, als ich gewöhnt war. So klang nicht meine Uhr. Aber sie tickte wieder, ich hörte es ganz deutlich! Er stellte die Uhrzeiger weiter: Sie schlug neun Mal. Es war ein gedämpfter Ton. Ja, Kompromisse müssen gebracht werden. Entweder ich habe meine Uhr mit einem anderen Ton, gedämpft und verhalten, oder ich muss sie aufgeben. Allmählich gefiel sie mir. Meine Uhr durfte wieder ticken! Ich sah wieder die richtige Zeit! Und jede halbe Stunde hörte ich sie schlagen! Ja, sie lebte wieder! Meine Uhr!!! Ich freute mich unbändig und dankte ihm für seinen Eingriff. Auch wenn er meinte „Wenn alle

Probleme so leicht zu lösen wären, wäre das Leben leicht.", war es für mich wie Weihnachten: Ich bekam meine Uhr wieder geschenkt, sie lebt wieder! Und dann hörte ich sie zehn Mal schlagen. Mit jedem Schlag stieg die Freude in mir höher. Dann schlug sie einmal – meine Uhr! Und schließlich elf Mal. Jetzt brauchte ich einen Menschen, dem ich meine riesige innere Freude mitteilen konnte. Ich rief wieder Schwester Richter an und erzählte ihr von meiner Freude: Meine Uhr darf wieder leben! Es war für mich ein wunderbarer Tag geworden, die Kopfschmerzen ließen sofort nach. Ich war überzeugt: Den Bruder Richter hat mir der Herr Jesus geschickt. - Am nächsten Tag fragte ich das Ehepaar unter mir, ob sie noch von meiner Uhr gestört werden. Die Frau verneinte, sie höre sie nicht mehr – und ich dafür um so lieber. Dem Herrn sei gedankt!!

<u>Zum Nachdenken:</u> Was habe ich – und müsste es loslassen, wegtun, weil es mehr schadet als hilft? Wie hat Gott mir unerwartet geholfen?

Stichwort: Mit Jesus wagen, für andere da sein,

Armee – und doch mehr als nur Armee

1988/1989 war ich als Bausoldat in die NVA einberufen worden. Fast jeden jungen Mann in der DDR bis 27 Jahre ereilte dieses „Schicksal“, den atheistischen Mann wollte man meistens gleich nach dem Schulabschluss oder dem Abitur, den christlichen Mann erst, wenn er Familie und Kinder hatte, meistens ab dem 25. Lebensjahr. Die ersten 14 Tage war generell Grundausbildung, bevor wir dann in Großbetrieben arbeiteten. Grundausbildung bedeutete theoretische Einheiten über die Ideologie der DDR und Körperertüchtigung, wie sie den Sport nannten. Zu jeder möglichen Gelegenheit wurde marschiert, im Gleichschritt oder auch ohne Gleichschritt. Manche Stunde mussten wir im Kasernenhof im Gleichschritt marschieren.

In unserer Kompanie waren etwa zwei Drittel Ausreiseantragsteller. Sie wollten die DDR in Richtung BRD verlassen, mussten aber vorher noch als Bausoldat dienen. Das restliche Drittel waren Christen oder einfach Humanisten. Einige von den Christen fanden sich zu einem Bibelkreis, der sich nach Feierabend traf, später einmal in der Woche im Pfarrhaus. Das waren phantastische Treffen: Evangelische, Katholische, Baptisten, Methodisten, Adventisten, und mancher mehr lasen gemeinsam in der Bibel. Wir unterhielten uns über das Weitergeben der Botschaft Gottes, über Elia, über Bonnhoeffer und so manchen Abschnitt aus der Bibel. Einen so segensreichen Treff habe ich nicht oft erlebt.

Aber von einem anderen Ereignis soll berichtet sein: Eines Abends in der Grundausbildung ließ der diensthabende Unteroffizier alle Bausoldaten heraustreten. Wir sollten im Gleichschritt marschieren. 120 Mann marschierten auf dem Kasernenhof, dazu einen Unteroffizier brüllen: „ Links-zwei-drei-vier! Links-zwei-drei-vier!“ Diese ganze Zeremonie wäre sicherlich nach ein paar Runden zu Ende gewesen, wenn nicht einige „Ausreiseleute“ nicht immer etwas anderes wollten. Sie marschierten bewusst nicht im Gleichschritt. Je mehr Unteroffizier Schumann brüllte, desto mehr liefen sie entgegen dem geforderten Schritt. Das brachte den Befehlshaber in Rage – und sie freuten sich darüber. Was sollte man in dieser Situation machen? Wir, die wir als Christen diese komplizierte Situation erlebten, beteten um Bewahrung, Weisheit und Einsicht. Wieviel zum Explodieren des Pulverfasses fehlte, weiß ich nicht. Aber nach einer Stunde entließ er uns wutentbrannt in unsere Zimmer. Jeder wusste: Zum abendlichen Stubendurchgang kommt mit Sicherheit seine Rache. Ich ging zu Uwe und Friedemann und sprach mit ihnen über die Lage. Ich bot mich an, da ich als Prediger und Seelsorger dort war, mit dem Unteroffizier zu sprechen. Das war zwar ein einleuchtender Gedanke, aber keiner wusste, wie er auf mein Erscheinen reagieren würde. Wir beteten gemeinsam und sie auch während meines Besuches. Nach meinem Anklopfen, kam das „Herein". Ich erzählte ihm mit betendem Herzen, dass ich Seelsorger wäre und auch mir die unschöne Situation von vorhin aufgefallen sei. Ich dachte, er hätte bestimmt niemandem, mit dem er in so einer Situation sprechen kann, vielleicht beschäftigt ihn auch etwas. Wenn er wolle, könne er mit mir darüber sprechen. Und so erzählte er mir seinen ganzen Frust, er sei Anfang Zwanzig, wolle studieren und müsse als Unteroffizier dienen; Baukompanie habe bei den anderen Soldaten einen schlechten Ruf, weil die Offiziere völligen Blödsinn verbreiten; er wird von anderen ausgelacht, weil er bei den „Blöden" eingesetzt ist, und vieles mehr. Wir unterhielten uns über den christlichen Glauben. Ich erzählte ihm, dass ich als Christ die Möglichkeit habe, meinen Frust im Gebet Gott zu lassen. Etwa eine Stunde waren wir zusammen. Als er am Abend den Stubendurchgang durchführte, merkte es jeder: Der Mann war wie umgewandelt. Uwe, Friedemann, ich und die von diesem Gespräch wussten dankten Gott für seine Führung. Er gab die Ruhe und die Chance, Mensch zu sein. Das hat er ganz toll geleitet. Dafür bin ich Gott noch heute dankbar.

<u>Zum Nachdenken:</u> Wem konnte ich zum Segen sein? Wann fiel es leicht, wann schwer?

Stichworte: Versagensangst, Unvollkommenheit, hohe Ansprüche

Bin ich ein Versager?

Für die Leitung eines großen Gottesdienstes im Freien bin ich zuständig. Alles ist vorbereitet: Das Programm steht, der Referent ist eingeladen, für die musikalische Begleitung ist gesorgt, die Logistik vor Ort organisiert die Gemeinde, wo der Gottesdienst stattfindet, für die Übertragungstechnik ist jemand vereinbart, der Zeltaufbau ist geplant – eigentlich ist alles klar. Aber? Ich habe ein ungutes Gefühl: Es könnte etwas schief gehen, was ich hätte wissen müssen. Das Gefühl kenne ich zu gut, habe ich es oft vor Höhepunkten im Gemeindeleben. Hinterher freue ich mich, dass alles gut geklappt hat (bekomme es allerdings von niemandem gesagt). Ich habe Angst zu versagen. Warum? Ich weiß es nicht. Ich halte die innere Spannung nicht aus und leide gefühlsmäßig.

Ich kann meine Arbeit nicht richtig erledigen. Ich fühle mich bei Verhandlungen total überfordert, z. B. wenn es um Ortseingangsschilder geht oder um bauliche Genehmigungen, weil ich selbst die strategisch wichtigen Gedanken nicht habe, aber als Verantwortungsträger und Vertreter der Kirche in die Verhandlung muss. Ich würde das Gespräch gestalten, wie ich es für richtig halte, aber das ist den anderen in der Gemeinde sehr unvollkommen. Sie haben zu allem andere Gedanken. Und wenn ich dann doch in die Verhandlung muss, wird über das Ergebnis geklagt. Ich merke wieder, ich kann das nicht, obwohl ich es können müsste. Ich fühle mich als Versager, als Bremsklotz, zu nichts nütze.

Manchmal wünsche ich mir einen Menschen, mit dem ich meine Arbeit gemeinsam machen könnte. Vielleicht kommt mal einer, zu dem ich vertrauen habe, und spricht mit mir über meine Versagensängste. Aber ich merke bald, er trifft nicht meinen Nerv, er versteht mich nicht. Ihm geht es nicht so, warum muss es dann mir so gehen? Aber mir geht es eben so. Dann wird er ungeduldig und läuft weg; er könne sowieso nicht helfen. Und die Enttäuschung und Verunsicherung sitzt in mir um so tiefer: Du bist ein Versager. Dieses Gefühl quält mich.

Vor Leitungssitzungen habe ich manchmal Angst. Was wird heute wieder kommen? An welchen Punkten hast du heute wieder versagt? Wo waschen sie dir den Kopf? Ich versuche ruhig zu bleiben, weniger aus Besonnenheit, mehr aus Kraftlosigkeit. Ich kann es irgendwie nicht. Ich möchte das Beste, kann anscheinend nur Ungenügendes bieten. Alle anderen sind anscheinend besser. Wo ist mein Platz? Ich sitze in meinem Arbeitszimmer, habe Zeit etwas zu erledigen und weiß nicht, was ich tun soll. Ich ärgere mich darüber, denn sooft müsste ich etwas tun und habe dazu keine Zeit. Und jetzt das! Es ist ein bohrendes Gefühl, aus dem Wissen kommend: Was du jetzt tust, ist nicht das Richtige. Aber das Richtige kenne ich im Moment nicht. Es ist ein Versinken in der Arbeit, ich habe nichts im Griff, mir gleitet alles aus den Händen und zugleich wird mir alles zu viel. Ich habe Angst zu Versagen. Ich weiß, ein Plan, eine Checkliste und schriftliche Notizen sind wichtig. Aber manchmal habe ich zu allem keine Lust. Ich weiß: Dann muss ich es eben ohne Lust tun. Eigentlich bin ich nicht so ein gefühlsmäßig gesteuerter Mensch. Aber ich bin auch keine Logikmaschine. Ich bin ein Mensch, der Gefühle hat. Früher habe ich knallhärter durchgezogen: Veranstaltungen organisiert, Arbeiten organisiert, alles hatte Power und war klar. Heute? Ich versuche mich den Menschen mehr zuzuwenden, rede mit ihnen, höre ihr Leid, möchte für sie offen sein. Aber ich werde dünnhäutiger, ich halte nicht mehr so viel aus. Ist das normal? Oder bin ich krank? Ich wünsche mir Hilfe, was? Ich weiß es nicht.

Zum Nachdenken: Was bewahrt vor Versagensängsten? Wie kann man damit umgehen, wenn sie kommen?

Stichwort: Verlorene Schaf, Gottes Liebe, Hirte

Das verlorene Schaf

Sonntag früh werde ich wach. Was ist denn das: Mitten in der Stadt macht es „Mäh". Mich reißt es aus dem Bett, ich gehe zum Fenster und suche das Mäh. Dann sehe ich, wie in einer Nebenstraße eine ganze Menge Mäh, wir nennen es Schaf, entlang gehen. Ich genoss den Anblick der Schafe, die zum Verkehrsteilnehmer wurden. Wir haben in unserem Kreis einen Schäfer mit Herde. Manchmal sehe ich seine Herde irgendwo auf einer Wiese grasen. Er nutzte die frühe Stunde, um seine Herde auf eine andere Weide umzusetzen. Es war ein schöner, wenn auch zeitiger, Tagesanfang – Dabei dachte ich an eine andere Geschichte:

Es machte „Mäh". Um ihn herum machte es „Mäh". Es fand nicht in der Stadt statt, auch nicht im Wald, auch nicht auf der Weide, sondern vor einem Stall. Aber es war wie bei den Schülern, wenn der Bus an die Haltestelle kommt: Alle drängelten und wollten als erste hinein. Alle Schafe wollten gleichzeitig in den Stall. Das musste aber verhindert werden, weil der Chef, hier war es der Hirte, alle zählen wollte. Zum Glück war die Herde kleiner als unsere heutigen Herden es sind: Heute hat ein Schäfer durchaus 500 Tiere zu hüten. Damals waren es 100 Tiere. Der Schäfer zählte, der Hund saß neben ihm. Alle waren im Stall: 99 Tiere. Nun hatte er die Wahl: Mit Hund waren es 100. Ohne Hund musste er sich verzählt haben. Also begann für die Schafe etwas Ungewöhnliches: Sie mussten noch einmal hinaus, obwohl sie begannen, sich auf die Ruhe einzustellen. Das „Mäh" wurde ungemütlicher, aber wie es sich für Schafe geziemt: Sie gehorchten dem Schäfer. Nachdem alle wieder frische Abendluft geschnuppert hatten, durften sie wieder hinein, eins nach dem anderen. Der Schäfer zählte. Der Hund bellte, weil ein Schaf zu sehr drängelte. Schließlich fügte es sich auch. Als alle wieder drin waren, war das Ergebnis dasselbe: 99 Tiere waren im Stall. Was jetzt? Wer war Schuld, dass ein Tier fehlte? Vielleicht der Hund, denn als Schäfer muss man ja vorneweg gehen. Der Schäfer hatte aber seine Tiere zu lieb, um die Schuldfrage zu beantworten. So sperrte er den Stall zu, nahm seinen Hund mit und ging den Weg entlang, den sie heute gemeinsam gegangen waren. Zum

Glück brauchen Schafe viel Zeit zum Fressen, dadurch war die Strecke nicht zu lang. Nach einer Stunde schlug der Hund plötzlich an und rannte los. Der Schäfer hinterher. Er kam ganz schön aus der Puste, denn der Hund rannte doch etwas schneller als er. Schließlich blieb der Hund stehen und der Schäfer sah, was los war: Ein Lamm hatte sich in einem herumliegenden Draht vom Weidezaun verfangen. Da es mit der Herde mit wollte, zerrte es daran, verletzte sich, was natürlich schmerzte und musste zurück bleiben – gefangen. Da alle Schafe blökten und der Hund in diesem Augenblick mal nicht hinten trieb, sondern bei seinem Herrchen lief, blieb das Lamm anscheinend unbemerkt zurück. Der Schäfer streichelte das Schaf, dann seinen Hund, dann befreite er das Tier vom Draht, verband die Wunden und nahm es auf seine Schulter. Gemeinsam gingen alle drei zurück, sichtlich zufrieden.

Zum Nachdenken: Wie habe ich Gottes Liebe erfahren? Wie konnte ich anderen Gottes Liebe bringen?

Stichwort: Kinderspiel, Hingabe, Leben leben

Im Sandkasten

Im Park befindet sich ein kleiner Spielplatz. Es steht nicht viel darauf: eine Schaukel, ein Klettergerüst und ein Sandkasten. Ringsherum stehen Bänke, für aufsichtsführende und tröstende Mütter. Manchmal setze ich mich auch dorthin, nicht als aufsichtsführende Mutter, bin ich doch ein Mann. Ich schaue den Kindern einfach beim Spielen zu, einfach so. Manchmal kommt ein Kind zu mir und zeigt mir etwas. Wenn zu viele Kinder spielen, ist es mir zu laut. Dann gehe ich oder setze mich gar nicht erst. Aber wenn nur wenige hier sind, bereichert mich das Kinderspiel.

Heute spielen zwei Jungen im Sandkasten. Vielleicht sind sie vier und fünf Jahre jung. Sie haben beide ein Sandauto, also ein sandkastentaugliches Fahrzeug. Damit transportieren sie Sand an eine bestimmte Stelle; nicht einfach so. Für den Transport bauten sie eine Sandstraße. Jeder kniet jetzt neben seinem Auto und schiebt die Sandladung neben sich her, nicht zu schnell, mit einem selbstgemachten Motorengeräusch. Dabei geht der Blick nicht vom Fahrzeug weg. Langsam fährt der Laster auf der selbst gebauten Straße. Da kommt ihm der Laster des Freundes entgegen. Man weicht vor einander aus, grüßt sich mit einem kurzen Hupen (ein Tüüt wird gesagt) und fährt weiter. Neben der Straße entsteht die Rutschbahn, denn man muss sich ja auf Knien mit dem Auto bewegen. Diese Kniespur ist für den Jungen nicht da, nur das Auto, die Ladung, der Motor und die Straße. Dann wird die Ladung am Zielort abgekippt. Was wird hier gebaut? Ich kann es noch nicht erkennen. Langsam fährt der Laster wieder zurück. Der andere kommt mit seinem Lkw und bringt neuen Sand. Ein kurzes „Tüüt" als Gruß kenne ich schon von vorhin. Man fährt die Straße entlang, zum anderen Ende, zum Sandloch (die Sandgrube). Hier werden die Hände als Bagger geformt und neuer Sand wird ausgehoben. Dann geht die Fahrt wieder zum Berg.

Mich begeistern diese beiden Steppkes: Sie spielen total in sich vertieft die Wirklichkeit nach. Ich kann mir richtig vorstellen, wie sie am Straßenrand stehen und die Sandlaster vorbeifahren sehen; wie sie ihren Vater fragen, woher und wohin die

Fahrt geht und was gebaut wird; wie sie von der Größe des Lkw beeindruckt sind und wie in ihnen der Wunsch reift, das auch zu spielen. Und jetzt knien sie hier im Sandkasten und spielen das Leben. Sie sehen vor sich den großen Sandtransporter, sie sehen die riesige Sandgrube, die Asphaltstraße, die entgegenkommenden Fahrer und wie sie sich kurz grüßen, natürlich mit einem kurzen „Tüüt". In mir kommen Erinnerungen an meine Kinderzeit. Da habe ich genauso das Leben nachgespielt. Ich brauchte keine Computerspiele (es gab sie sowieso noch nicht) und keinen Fernseher. Ich spielte das Leben. Waren wir im Urlaub, spielte ich Urlaub. Sah ich zu, wie eine Straße gebaut wurde, spielte ich Straßenbau. Fuhren wir mit dem Zug, spielte ich Eisenbahn. Nur Krieg durften wir nicht spielen – und das war gut so. Wir spielten Frieden, das friedliche Leben. Und diese beiden tun es genauso: Frieden spielen, bauen, mit einander und für einander spielen. Das tut mir gut, einfach so dem Kinderspiel zuzusehen, zu sehen, wie sich zwei Steppkes im Spiel verlieren.
Kann ich das auch: Mich in einer tollen Sache total verlieren – bis meine Frau zum Abendbrot ruft? Es könnte etwas inneren Ausgleich bringen.

Zum Nachdenken: Ist es für uns Menschen wichtig, sich in einer Sache total zu verlieren? Welche Vorteile, welche Nachteile hat das?

Stichwort: Aufräumen, Prioritäten setzen, Ordnung schaffen, Maßstäbe setzen

Aufräumen

Aufräumen – für viele ist dieses Wort ein Reizwort. Meine Frau findet es schrecklich, sich durch ein großes Durcheinander hindurchzuwühlen. Nur das nicht! Aufräumen – für viele ist es aber eine hoch interessante Tätigkeit. Schon der Prozess ist interessant: Vom Durcheinander zum Nebeneinander, vom Haufen zur Ordnung, von Kein-Platz zu Viel-Platz. Ein Reizwort wird es für mich, wenn ich keine Zeit habe, aber mein Zimmer aussieht, als hätte eine Bombe eingeschlagen. Hoch interessant wird es, wenn ein Bereich lange nicht aufgeräumt wurde. Dann wird das Räumen zur Entdeckungsfahrt. Und was man da alles entdecken kann! Das ist spannend. Neulich habe ich wieder Mal in meinem Arbeitszimmer aufgeräumt. Was kam da nicht alles zum Vorschein: Ein Kartenspiel, das ich gerne im Religionsunterricht mit den Kindern spiele: Das habe ich ja auch noch! Gleich kam es zu den Unterrichtsunterlagen. – Ein Artikel über den Stern von Bethlehem. Stimmt, den hatte ich mir aus einer Zeitschrift gerissen, weil ich darüber eine Weihnachtspredigt ausarbeiten wollte. Allerdings ist von Juni bis Dezember noch ein bisschen Zeit. Hoffentlich finde ich ihn dann wieder. – Ein Gurtband. Wozu habe ich den aufgehoben? Ich weiß es nicht mehr. Aber: so etwas kann man immer gebrauchen (Oder sollte ich ihn wegtun? Aber gerade dann, wenn ich etwas wegwerfe, brauche ich es bald danach, auch wenn bis zu diesem Zeitpunkt Jahre vergehen können.). Also wandert das Gurtband in den Schuppen. – Eine Ausarbeitung über die Ausstrahlung von Kleingruppen. Die habe ich schon seit langem gesucht. Hier ist sie! ich lege sie mir gleich zur Seite. Dann kann ich sie morgen verwenden. – Einige drei Jahre alte Zeitschriften. Warum habe ich diese aufgehoben? Was wollte ich mit ihnen anfangen? Ich finde darin nichts mich brennend Interessierendes. Sollte ich sie noch aufheben? Oder ist es besser, sie wegzuwerfen? Ach, ich habe genug Papierkram eingelagert, weg damit. Und sie fliegen in meinen Papierkorb. – Eine Blechschraube. Wo habe ich sie gefunden? Ich muss sie schon lange haben. Oder sind sie von unseren Küchenstühlen? Diese sollte ich mir ja auch mal ansehen. Manche Sitze werden locker, sagte meine Frau. Wegwerfen kann ich sie immer noch. Ich hebe sie in meiner Gerasselbüchse auf. – Eine CD mit Bildern. Siehste, denke ich, du hast sie doch. Jetzt habe ich eben zwei gleiche, denn vor drei Monaten bestellte ich sie mir noch mal, weil ich dachte, die erste ist verschollen. Zum Wegwerfen ist sie zu schade, vielleicht finde ich jemanden, der sie gebrauchen kann. – Veranstaltungsflyer. Ich konnte sowieso nicht hinfahren. Man kann ja schließlich nicht auf allen Hochzeiten tanzen. So wichtig Weiterbildung ist, manchmal ist Bildung auch einfach Weitermachen, ohne neue Sitzungen erleben zu müssen. Da dieses Treffen, zu denen im Flyer geworben wird, lange vorbei isr, fällt es nicht schwer, mit ihnen den Papierkorb zu füllen. – Und so geht es weiter: Alles erfreut mich: entweder kann ich es gebrauchen oder es fliegt in den Papierkorb oder in die Aschentonne.

Vielleicht denken Sie, der muss ja eine Ordnung haben. Vielleicht stimmt es, aber kreative Menschen sind nie die ordentlichsten. Trotzdem bemühe ich mich um System, was mir auch oft gelingt. Aber eben manchmal …

Und dann denke ich an mein Leben. Ist mein Leben ein ordentliches Regal oder ein Haufen voller Überraschungen? Was für ein Persönlichkeitstyp bin ich? Manches gibt es in meinem Leben, das sollte ich loslassen. Vielleicht die negativen Erinnerungen an einen wirklich nervenden Nachbarn. Obwohl er schon nicht mehr hier wohnt, habe ich heute noch inneren Zorn, wenn ich an ihn denke. Vielleicht liegt irgendwo Material, was ich irgendwann (wann wirklich?) einmal verwenden möchte? Eigentlich weiß ich, das wird nie; da habe ich zu viele Interessen. Dann ist ein Weitergeben lebensbereichernd. Vielleicht schiebe ich bestimmte Arbeiten vor mir her. Dann sollte ich sie baldmöglichst erledigen oder aus meinem inneren Register streichen. Ich hörte mal den Satz: So wie dein Wohnzimmer (Arbeitszimmer, Schreibtisch) aussieht, so sieht es in dir aus. Es stimmt, stelle ich immer wieder fest. Wie sieht Ihr Wohnzimmer aus?

<u>Zum Nachdenken:</u> Was belastet mich in meinem Leben? Wie kann ich es beseitigen? Wie kann ich mein Leben aufräumen?

Stichwort: Gemütlichkeit, Harmonie, Segen, Glück

Die Bank

Ich stehe im Park. Vor mir erstreckt sich eine Wiese. Neben mir steht ein Rhododendronbusch. Im Frühjahr blüht er immer sehr schön. Die Menschen nennen mich Bank. Natürlich kann man auch sein Geld auf mich legen – aber für Geld ist besser ein Gebäude zuständig, das zwar meinen Namen trägt, aber doch anders funktioniert als ich. Interessant sind die Wesen, die auf mir Platz nehmen:

Ein Spatz saß gleich auf meiner Lehne. Eigentlich mag ich das nicht so sehr, aber bei Vögeln geht das schon mal in Ordnung. Das war ein lustiger Geselle: Er zwitscherte ständig mit seinen Kameraden, die im Rhododendron saßen. Leider verstand ich nicht, was sie erzählten. Nach einer Weile flog auch er in den Busch – und weg war er.

Eine alte Dame kam mit einem Stock entlang geschlurft. Die Sonne schien sehr schön. Es wurde warm. Sie nahm sich eine kleine Pause und setzte sich auf mich. Ich merkte richtig, wie sie sich entspannte. Sie sah den Rhododendron und erfreute sich an seinen Blüten. Schließlich stand sie auf, ging zu dem schönen Busch, roch an den Blüten und streichelte sie. Das fand ich sehr nett. Mit einem Lächeln ging sie weiter.

Eines Tages kam ein Liebespaar. Sie waren so in einander verschlungen, dass ich gar nicht erkennen konnte, wie viel Leute da kamen; nur an den Beinen erahnte ich, dass es zwei Menschen sein mussten – es waren nur vier Beine. Sie setzten sich auf mich und kuschelten und küssten und streichelten sich und lächelten und umarmten sich – es wurde mir dabei ganz warm. Schade, dass sie nach einer Stunde schon gingen.

Bald kamen zwei Mädels. Sie setzten sich auf meine Lehne, die Füße auf der Sitzfläche. Ich wollte mich schon wehren, denn das kann ich gar nicht leiden. Wer soll sich auf eine schmutzige Sitzfläche setzen? Aber dann merkte ich, wie die eine sprach. Sie hatte Kummer: Schlechte Zensuren, Angst vor zu Hause, Ratlosigkeit machte sich breit. Sie sprachen mit einander, schauten sich meine Umgebung an, hörten den Vögeln zu und bewegten manche Möglichkeit. Gern hätte ich geholfen, konnte es aber nicht. Vielleicht bestand meine Hilfe, dass ich die beiden ausgehalten

habe. Ich wünschte ihnen eine gute Unterhaltung mit den Eltern, aber das konnten sie nicht hören.
Dann kamen drei kleine Jungen mit ihren Müttern. Irgendwie gab es zwischen der einen Mutter und ihrem Steppke Probleme. Der Kleine kam zu mir, brüllte „Scheiße!“ und trat mir gehörig auf die Latte. Zum Glück war er noch zu klein. Auch wenn es mir Weh tat, musste ich nicht zerbrechen. Die drei Mütter setzten sich, zwei der Jungen dampften auf die Wiese ab und spielten Fußball. Der dritte musste hier bleiben; die Mutter sprach mit ihm. Auch wenn er zum Hierbleiben keine Lust hatte – er wollte lieber zu seinen Freunden, fand ich es schon richtig, dass er zunächst bei der Mutter bleiben musste. Denn da gab es etwas zu klären. Nach einer Weile kamen die Fußballer zurück und meldeten großes Bedürfnis nach Getränken an. Da die Mütter gerade dafür nicht vorgesorgt hatten, setzte sich der Trupp in Bewegung – wahrscheinlich ging es nach Hause.
Aber dann, das war der Gipfel an Frechheit, was ich erlebte. Es kamen fünf Jugendliche. Sie liefen nicht einfach so, sie kamen angegrölt, sangen irgend etwas (in der Schule gäbe es nicht nur eine Sechs, da gäbe es auf so einen Gesang eine Zehn) und steuerten direkt auf mich zu. Mir wurde es immer mulmiger, denn sie setzten sich nicht auf mich, sie traten auf mich herum, sie trampelten auf die Sitzfläche, schlugen gegen meine Lehne. Mir wurde ganz übel. Ein umfallender Baum, der auf mich gefallen wäre, hätte dagegen noch angenehm sein können: Holz zu Holz hätte noch gepasst. Aber diese Tritte und Schläge waren zuviel, ich musste brechen. Und so ging eine Latte nach der anderen kaputt. Ich musste weinen, so sehr, dass vor mir eine Pfütze entstand. Auch wenn die Jugendlichen sich anpöpelten, sie sollen mal ihr Bier nicht vor mir auskippen, lieber in die Kehle, wusste ich, dass die Pfütze von mir war. Als nichts mehr zu zerstören war, weil alles zerbrochen dalag, ließ man mich endlich in Ruhe. Es hätte nur noch gefehlt, wenn sie die Reste angezündet hätten, aber das muss man ja solchen Verbrechern nicht noch sagen. Ich fühlte mich schrecklich.
Ich erinnerte mich an so Manchen, der auf mir saß: An den Professor, der es nicht merkte, dass es zu regnen anfing und unter mich kroch, aber trotzdem nass wurde; an

die Puppe, die ein kleines Mädchen auf mich setzte, sie war so lieb; an das Baby, das die Mutter auf mich legte (sitzen konnte es noch nicht) und wickelte; an den Jungen, der mit einem Stock kam und vor mir ein für ihn tiefes Loch von 5 cm bohrte; an die Frau, die sich setzte und gar nichts tat und sich so erholte; an die beiden kleinen Hunde, die immerzu durch mich rannten und sich fangen wollten; an die beiden Polizisten, die einfach fünf Minuten Rauchpause brauchten und an viele andere Menschen und Tiere. Sie kamen und nutzten mich nach ihrer Weise.
Aber jetzt geht das alles nicht mehr. Jetzt liegen alle Teile von mir hier herum. Ruhe ist eingekehrt, aber belastende Ruhe, denn es kommt keiner mehr und setzt sich auf mich. Kann er ja nicht. Mancher wundert sich, mancher ärgert so viel Unverstand Einzelner. Was nun?

Zum Nachdenken: Wie konnte ich zum Glück anderer beitragen? Wie könnte ich die Zerstörung des Glücks anderer verhindern?

<u>Stichwort:</u> Unrecht, Einsatz für Gerechtigkeit, Zivilcourage, Mut, Besonnenheit

Und keiner hat's gesehen!

Es wird dunkel. An der Kaufhalle steht eine Gruppe Jugendlicher. Sie umringen jemanden. Ich sehe das genau. Plötzlich treten ein paar auf den in der Mitte. Eigentlich tut mir der in der Mitte Leid, aber vielleicht ist er selber Schuld, sich mit diesen Typen einzulassen. Ich müsste ihm helfen – und wie? Aber ich möchte mich doch nicht in Gefahr bringen; deshalb gehe ich lieber weg. Wohin? Natürlich nach Hause, zu Frau und Kindern. Es muss ja am nächsten Tag nicht in der Zeitung stehen: Junge von Jugendlichen weggefangen und an der Kaufhalle zusammengeschlagen. Das heißt: Ich hoffe, dass so etwas nicht in der Zeitung steht.

Bekanntlich beginnt morgens die Schule. Die Schüler stehen in Gruppen zusammen. Auch ein paar Mädels der 10. Klasse. Sie klagen sich den neuen Tag aus dem Körper, aber es scheint ihnen auch Spaß zu machen. Da taucht Julia auf; sie geht in dieselbe Klasse. Sie kommt auf ihre Klassenkameradinnen zu – da schließt sich der Kreis und sie muss draußen stehen. „Hey“ ruft sie. Keine Antwort. „Hau ab“ rufen die anderen. „Warum darf ich nicht bei euch stehen?“ „Hau ab! Haben wir dir gesagt.“ Einige Mädels spucken auf Julia. Ein paar Jungen daneben lachen; sie finden das so komisch: Da wird ein Mädel bespuckt. Julia geht langsam weg. „Und wenn du wieder kommst, polieren wir dir die Fresse!“ Warum darf sie nicht zu ihnen gehören? Die anderen schauen weg oder lachen über die komische Nummer am Morgen.

Meine Tochter schrieb ein Gedicht:

Und keiner hat's gesehen!

Eine kleine Clicue,
vielleicht auch nur vier Leute,
benahmen sich öfters
wie eine Hundemeute.
Schimpften und schubsten,
traten ihn und stubsten,

wie weit soll es noch gehen?
Doch keiner hat's gesehen!
Wo ist Hilfe, wo?
Doch hoffentlich nicht nirgendwo!
Wird denn niemand zum Lehrer gehen?
Und keiner hat's gesehen!
Sie hänselten ihn und spucken.
Die anderen hoben die Schultern und schlucken
und gingen alle weg –
nur weit, weit weg von diesem Fleck.
Auch ließen sie ihn arbeiten von Tag zu Tag,
bis er in einer Pfütze lag,
und das Wasser trinken musste,
und doch nicht weiter wusste!
So hilflos lag er da,
und sagte einfach Ja.
So weit wird's einmal gehen.
Und keiner hat's gesehen!
Auf einmal war es vorbei.
Es kam ein Lehrer, nein sogar zwei
und brachten die Nachricht mit hinein:
Jetzt wird er nie mehr bei euch sein.
Wie konnte das geschehen?
Es hat doch keiner was gesehen! (Esther Richter)

Er fährt mit seiner Familie die Landstraße entlang. Plötzlich wird er von einem Auto überholt. Kurz vor ihnen fahren zwei Radfahrer. Was muss er mit ansehen? Der schnelle Autofahrer drängelt die beiden Fahrräder von der Straße, so dass sie in den Straßengraben stürzen. – Es geht ganz schnell: Er lässt die Familie aussteigen, damit sie den beiden helfen können. Selbst nimmt er die Verfolgungsjagd auf. – Schließlich kann er den Raser überholen, zwingt ihn zum Anhalten und stellt den Verkehrsrowdy. Der zieht ganz lässig die Pistole, schießt und hat den Fall auf seine Weise gelöst. Und die Familie? Sie hat nicht nur zwei Radfahrer versorgt, sondern muss sich um die letzten Gänge für ihren Vater kümmern und natürlich mit ihrer Trauer irgendwie fertig werden. Da hat doch einer Zivilcourage – oder ist das Leichtsinn? Aber der andere braucht mich!

<u>Zum Nachdenken:</u> Wie kann ich Zivilcourage zeigen, ohne mich und andere dabei zu gefährden? Was hilft, was gefährdet?

Stichwort: Etikette, Aussehen, Begabungen, Angenommensein

Saftflasche und Gurkenglas

Im Park – es regnet – kein Mensch, kein Hund, kein Vogel, nicht mal ein Käfer oder eine Fliege - lange Weile.

Hinter einer Bank liegt eine Saftflasche. Auch ihr ist es langweilig. Aber sie sieht wenigstens (noch) schön aus. Orangensaft war in ihr, nicht nur Nektar, nein Direktsaft! Erst gestern gelangte sie hier her. Sie wurde einfach weggeworfen – welch eine Frechheit.

Als sie sich vor langer Weile einfach mal so umsieht, entdeckt sie, dass neben ihr ein leeres Gurkenglas liegt – eine doppelte Frechheit: Weggeworfen und auch neben sie geworfen!

„Du altes Gurkenglas – scher dich weg, ich sehe viel besser aus als du mit deinem vergammelten Etikett."

„Entschuldige: Aber ich kann nicht dafür, dass man mich hierhin geworfen hat. Außerdem war das schon vor einem halbem Jahr. Somit liege ich hier schon etwas länger als du."

„Na gut. - Es ist hier so langweilig, niemand kommt vorbei, es regnet."

„Ja, das kenne ich: Nichts los. Und da geht es heute noch. Im letzten Winter bin ich fast geplatzt – vor Kälte. Soviel Frost, Frust und Langeweile kennst du ja noch gar nicht."

„Da kommt mir eine Idee: Ich zeige dir altem Gurkenglas, dass ich viel größer bin als du, und zwar so: Wir stellen uns auf und lassen uns voll-regnen. Mal sehen, wieviel du ekliges Gurkenglas nach zwei Stunden aufgefangen hast. Schon wenn dich die Wassertropfen sehen, machen sie einen Bogen um dich. Da bin ich bestimmt viel besser als du!"

So geschah es: Sie richteten sich beide auf – und ließen über sich ergehen, was von oben kam. –

Tropfen für Tropfen fielen in die beiden Gefäße aus Glas. Jeder freute sich über jeden Tropfen. Auch wenn die Flasche nicht verstand, dass das Gurkenglas viel öfter Grund zum Freuen hatte; trafen doch mehr Tropfen durch die breite Öffnung.

Nach zwei Stunden:

„Das ist ja ätzend: Du elendes Glas bist halb voll – und bei mir sind nur 3 cm Regenwasser drin. Wie hast du das gemacht?" –

Ja, schön sein ist das eine, und nützlich sein das andere. Was ist besser?

Zum Nachdenken: In welchen Situationen ist Etikette nötig, wann hinderlich? Wie kann es gelingen, nicht nur nach dem Äußeren zu beurteilen?

Stichwort: Zeit, Leben, Pause, Planung

Die Geschwindigkeit der Zeit

Dirk fährt Dienstag früh zur Arbeit. Im Büro liegt noch sein Zettel von gestern. Er schrieb auf, was heute alles dran ist, was er unbedingt machen muss. 15 Aufgaben sind es. Nach der dritten Aufgabe merkt er, dass die Zeit nur so dahin eilt. Zu Mittag hat er nur die knappe Hälfte erledigt. Er arbeitet konzentriert, kann hin und wieder etwas abhaken. Noch ein paar Telefonate, ein paar uneingeplante kommen dazu, dann hat er fast alles geschafft. Schließlich kommt er mit nur einer Überstunde aus – und der Zettel ist abgearbeitet. Noch schnell die Planung für die nächsten Tage, aber das ist nicht ganz so schlimm, denn ab morgen ist er für zwei Tage im Ausland. So schreibt er die ersten Aufgaben für Freitag auf. Und fort geht's in den verdienten Feierabend. – Am Freitag spricht er mit seinem Kollegen. Er merkt, was bis heute aufgelaufen ist. So hat er wieder eine volle Liste. Irgendwann kann er Feierabend machen. So geht eine normale Woche, mal ist er mehr auf Dienstreise, mal weniger. Es gibt zu tun, das Wochenende kommt schnell und vergeht schnell. Er hat ein hohes Arbeits- und Lebenstempo, aber sonst schafft er ja nichts. Manche sprechen vom drohenden Herzinfarkt, doch den merkt er noch nicht. Zu den Terminen auf Arbeit kommen die privaten, denn auch seine Frau möchte nicht nur einmal im Monat mit ihm zusammen sein. Und seine Kinder, klar, für sie möchte er auch Zeit haben. Früher ging es noch mit Spielen auf dem Teppich ab. Jetzt sind sie älter, da wollen sie zu den Freunden gefahren werden, weil die Busverbindung aufs Dorf nicht sehr gut aussieht. Dann kommt mal jemand und braucht ein beratendes Wort. Langeweile kennt er nicht. Am Samstag denkt er, der letzte Samstag ist aber schon lange her, bestimmt nicht er vor sechs Tagen gewesen, das waren mindestens sechs Wochen – sein Gefühl trügt ihn.

Dirk hat noch eine Oma. Sie nennen sie immer Oma Gretel. Sie bewirtschaftet noch ihre eigene Wohnung, ist also noch rüstig, wie sie immer sagen. Darauf ist Oma Gretel mit ihren 87 Jahren auch noch stolz. Natürlich hat sie nicht so einen vollen Terminkalender wie ihr Enkel. Aber sie steht ja auch nicht mehr im Berufsleben. Sie macht ihre paar Sachen, wie sie immer sagt. Und dann hat sie Zeit. Sie schaut zum Fenster hinaus. Da sie in einer Nebenstraße wohnt, genießt sie den Vorteil der Stille, denn hier kommt kaum ein Fahrzeug vorbei. Aber sie muss auch mit dem Nachteil leben: Es ist nichts los. Kein Verkehrsunfall, zu wenige bekannte Leute auf der Straße, kaum Autos – einfach nichts los. Früher glaubte sie immer, sie brauche nicht so viele Bekannten. Sie hat auf Arbeit genug zu tun. Aber seit einigen Jahren macht es ihr Mühe, dass sie nur wenige Menschen kennt. Zum Glück geht sie in eine Kirchgemeinde. Dadurch vereinsamt sie nicht. Aber sie könnte jetzt mehr Kontakte haben. Hätte sie mal nie gedacht. Für sie geht die Zeit sehr langsam vorüber. Was kann sie nur machen? Stricken – für wen? Dirk helfen, er hat ja genug zu tun – nur wie? Sich mit anderen treffen – wie stellt sie es am besten an? Irgend eine Heimarbeit – nur was? Etwas schönes Kochen – aber da hat sie allein keine Lust. Spazieren gehen – der Wald ist aber doch zu weit. Einen Garten hat sie nicht, einkaufen muss sie nicht ständig. Außerdem muss man das Geld zusammenhalten, jeder möchte es, da ist es schnell weg. So kann schon mal eine Stunde zur Ewigkeit werden – aber ihr Gefühl trügt sie.

Für beide hat eine Stunde 60 Minuten. Der eine hat viel zu tun, da reicht die Zeit nicht. Der andere hat eine Stunde Zeit und weiß nicht, wie er sie gut nutzen kann. So unterschiedlich empfinden wir Menschen. Der eine fühlt sich gehetzt, dem anderen ist es langweilig. Was könnte beiden helfen?

Zum Nachdenken: Wie kann ich meine Zeit so einteilen, dass auch mein Gefühl nachkommt? Welche Rolle spielen bei der Zeitnutzung Begriffe wie Pause, Bekanntschaft, Arbeit, Hobby und Planung?

Stichwort: Suchtmittel, Alkohol. abstinent leben, sich durchsetzen

Alkohol

Bei uns im Haus wohnte Rolf. Er war ständig zu Hause, wenn er nicht in seinem Garten weilte oder in seiner Gaststätte. Wenn er sich zu Hause aufhielt, gab es ein sicheres Kennzeichen: Der Fernseher lief. Manchmal schaute er aus seiner Wohnung, dann lag er auf der Couch und sah fern oder schlief. Rolf trank gern und viel Bier. Wenn er nicht trinken müsste, wäre das Leben auch nicht schlecht. Der Alkohol stahl ihm schon Arbeit und Frau. So ging er in eine Suchtselbsthilfegruppe. Eines Tages stürzte er und musste ins Krankenhaus. Dort besuchte ich ihn und sagte ihm: „Mensch, Rolf, wenn du nach 14 Tagen nach Hause kommst, bist du nahezu durch. Der Körper hat vieles hinausgeschafft, Gewohnheiten sind erst Mal durchbrochen." Aber was half es, zu Hause trank er wieder kräftig bis zum Vollrausch. Eines Tages wollte er wieder in seinen Garten, rief ein Taxi und stieg ein. Unterwegs rutschte er zusammen. Die Taxifahrerin fuhr nicht zu seinem Garten sondern ins Krankenhaus. Dort lag er 14 Tage im Koma, dann war er tot. Totgesoffen mit knapp 56 Jahren.
Ich werde zu einem Einsatz im Rahmen der Notfallseelsorge gerufen und fahre in ein total entlegenes Dorf. Dort haben die Nachbarn seit Tagen Licht im Haus gesehen. Es brannte ununterbrochen. Ist dem alleinstehenden Mann vielleicht etwas passiert? Sie riefen die Polizei. Als ich kam, war auch die Tochter da. Der Vater lag zusammengerutscht in der Küche, auf dem Tisch standen die Bierflaschen. Gestorben mit Mitte 40 an Alkoholvergiftung.
Ich besuche seit Jahren einen Gefangenen. Er hat sein Leben grundlegend geändert. Auf meine Frage, was er „verbockt" hatte, sagt er mir, dass er unter Alkohol zwei Frauen in seinem Haus so stark geschlagen hatte, dass sie fast gestorben wären. Er weiß heute nicht mehr, was in ihm vorging. Für diese Tat bekam er wegen zweifach versuchten Mordes über zehn Jahre Gefängnis aufgebrummt.
Wir könnten die Geschichten fortsetzen: U-Bahn-Schläger steht unter Alkohol und kann hinterher nicht verstehen, was er angerichtet hat. Oder: Torkelei zu Himmelfahrt

mit Schaden an der Haustür. Oder: Weil sie ständig unter Stoff stand, vernachlässigte sie ihr Kind, sodass es starb. Oder: Bildschöne Frau trinkt sich zu Tode.
Ich denke, jeder könnte weitere Geschichten anfügen. Fast jeder kennt Menschen, die sich vom Alkohol kaputt machen lassen. Ich frage mich: Ist das das Leben? Hat das Leben nicht mehr zu bieten als ein bisschen anfänglichen Spaß unter Alkohol? Und dann wirst du vom Suchtmittel gezwungen. Ein weiser jüdischer Rat lautet: Das erste Glas kannst du trinken, beim zweiten musst du überlegen, ob du es willst, aber das dritte musst du stehen lassen. Ich habe für mich den Umgang mit Alkohol noch verschärft: Ich trinke keinen Alkohol (ausgenommen notwendige Arznei), weil ich zeigen möchte, dass man ohne Alkohol sehr gut, vielleicht sogar besser leben kann. Ein klein wenig die Grenze enger ziehen und die Weite des Lebens eröffnet sich mir. Natürlich ist nichts gegen ein Glas zu sagen. Aber keiner weiß, wann der innere Schalter – im Bild gesprochen – umkippt und man dann alkoholkrank wird. Ich kann nur sagen: Ein Leben ohne Alkohol lohnt sich, auch wenn man sich manchmal in geselligen Runden ein bisschen durchsetzen muss. Wenn ich nach einiger Zeit die anderen sehe, bin ich froh, mich durchgerungen zu haben.

Zum Nachdenken: Welche Einstellung habe ich zum Alkohol? Würde sich für mich ein Leben ohne Alkohol lohnen? Würde vielleicht meine Umgebung davon profitieren?

Stichwort: Begleitung, Ziele verfolgen, Lebensgeschwindigkeit

Wandern oder spazieren gehen

Da ich eine sitzende berufliche Tätigkeit ausübe, brauche ich natürlich in meiner Freizeit Bewegung. Dazu wandere ich gern. In unserer näheren Umgebung lassen sich gute Wanderungen von 45 min Dauer bis zu mehreren Stunden erleben. Wir haben viel Wald, das gefällt mir außerordentlich. So bin ich mehrmals in der Woche unterwegs.

Manchmal möchte meine Frau mitkommen. Das ist für uns beide nicht immer leicht. Sie hat ein anderes Tempo als ich. Wenn ich mein Tempo laufe, ist es für sie zu schnell. Dann hat sie im Rücken Schmerzen und muss schon nach kurzer Zeit eine Pause machen.

Sie geht aber gern spazieren, nicht zu schnell. Dabei entdeckt man so manche Blume am Weg oder auf der Wiese, es ist gemächlich, schön ruhig. Wenn ich ihr Tempo laufe, ist es mir viel zu langsam. Dann verkrampft sich bei mir der Beckenbereich. Jetzt brauche ich eine Pause, möglichst eine Bank mit Lehne. So dauert es eine Weile, bis wir beide uns an einander gewöhnt haben: Sie und ich im ähnlichen Tempo. Mir kommt ihr Wander-Schritt wie Spazieren vor, mein Schritt ist ihr ein zu straffer Wanderschritt. Aber ich weiß, andere wandern viel schneller.

Kennen Sie den Unterschied zwischen Wandern und Spazieren gehen? Natürlich: Beim Wandern hat man ein Ziel und läuft so gut es geht dem Ziel entgegen. Pausen sind zweckgebunden: Um neue Kraft für den Weg zu tanken. Die Umgebung nimmt man wahr, allerdings nur dann, wenn etwas Energie dafür übrig bleibt. Wird die Wanderung zur Überlebenstour, ist einem die Umgebung egal; die Hauptsache ist das Erreichen des Zieles. Spazieren gehen heißt in einem Park oder einer schönen Landschaft, vielleicht auch durch die Straßen einfach so zu gehen, zu bummeln. Man hat kein Ziel, höchstens die Umgebung zu genießen. Dazu geht man recht langsam, so langsam wie möglich. Man bleibt durchaus auch mal stehen, um einen Eindruck aufzunehmen. Vielleicht möchte man sich einfach nur im Gehen mit jemandem unterhalten. Dann ist der Ort fast egal, die Zeit wird zum entscheidenden Faktor: Wie lange können wir uns unterhalten?

Wandern und Spazieren gehen sind für unser Leben zwei gute Bilder. Wer nur zielorientiert lebt, erreicht zwar etwas, lebt aber einsam. Wer nur spazieren geht, erlebt zwar viel und kennt viele Menschen, erreicht aber nichts. Am Ende fragt man sich: Wozu habe ich gelebt? Wie habe ich leben wollen?

Und so überwinden wir uns beide: Manchmal kommt sie auf eine kleine Wanderung mit und manchmal gehe ich mit Spazieren. Mit dem anderen gehen heißt, sich auf den anderen einstellen. Leben gemeinsam macht viel mehr Spaß als immer allein sein.

Zum Nachdenken: Wen könnte ich ein wenig begleiten? Möchte ich meinen Lebenspartner in seinem Lebensweg begleiten oder nur meinen Spaß haben?

Stichwort: Verlorener Sohn, von Gott weggehen, Gott liebt mich

Der Sohn, der nicht mehr wollte

Ein Mann hatte es satt, dauernd in seinem Elternhaus zu leben, bei seinen Alten. Er hatte zwar Arbeit in der väterlichen Werkstatt. Aber er wollte hinaus, nicht immer nur gut beschützt zu Hause hocken. Er nahm sein Erspartes, ließ sich vom Vater noch einiges Geld auszahlen und ging fort – irgendwohin. Er hatte keinen Plan, er wollte nur leben. Nach einigen Stunden Autofahrt erinnerte er sich an seine Freunde, die er während seiner Zeit beim Bund kennen lernte. Dorthin fuhr er, noch satte drei Stunden. Sie quatschten - auch auf ihn ein. Aber er ließ sich von ihnen nicht verrückt machen. Da er ihnen das Bier bezahlte, hielten sie zu ihm. Sie hörten Musik, er lernte dort ihre Mädels kennen, hatte schnell eine Freundin – und sie waren happy. Arbeiten? Nein danke. Geld ist auch so da – das Leben ist doch wunderbar!

Als die dritte Freundin das dritte Kind erwartete und er merkte, dass die Scheine in seiner Hosentasche immer weniger wurden, dass die Freunde zunehmend immer weniger wurden, aber die Forderungen der so genannten Freundinnen immer lauter erklangen – da veränderte sich in ihm etwas: Leben war anscheinend nicht nur Geld haben und ausgeben. Er brauchte Geld – nur wie herankommen?

Die Prinzen halfen weiter: Du musst ein Schwein sein, in dieser Welt, ein Schwein sein. Leider verstand er nicht den wirklichen Sinn des Liedes. Los ging's: Er klaute einer alten Frau eine Handtasche – und darin waren 500 Euro. Damit hatte er gar nicht gerechnet. Ist selber Schuld, wenn sie soviel Geld mit sich herumträgt, dachte er. Bald war es alle – und er klaute die nächste Handtasche (bekam zwar vom Schirm der anderen ein paar auf die Rübe, aber er hatte die Tasche). Diesmal waren nur ein paar Euro drin – hatte sich nicht gelohnt. Er überfiel gegen Abend ein kleines Geschäft – und hatte plötzlich wieder Geld. Die Freunde sprachen zwar von Arbeitengehen, aber dazu hatte er keinen Bock. So ließ sich, mit ein bisschen Verstand, doch viel besser leben. Jeder weiß: Es kam wie es kommen musste, eines Tages konnte er dem Blaulicht auf den blauen Fahrzeugen nicht mehr ausweichen. Jetzt hatte er zwar ein Dach über dem Kopf, allerdings nicht das Dach des elterlichen

Hauses, sondern des Strafvollzuges. Freunde – die hatte er nicht mehr. Er saß – ohne sie. Was er hatte, waren Schulden über Schulden.
Als er seine Zeit abgesessen hatte, kam ihm ein Gedanke: Eigentlich ist es schäbig, so zu seinen Eltern zu gehen. Aber vielleicht stellt der Vater ihn als 1-Euro-Jobber an. Er ging. Der Vater hieß ihn herzlich willkommen (damit hatte er überhaupt nicht gerechnet). Er aber hatte schon lange damit gerechnet, dass sein Sohn wieder nach Hause kommt. Er konnte wieder im väterlichen Betrieb arbeiten, nicht als 1-Euro-Jobber, sondern als Sohn. Und noch etwas war interessant: Einige Jahre später kamen drei Jugendliche: Es waren seine Kinder, die auf der Suche des Vaters und Großvaters waren.

Zum Nachdenken: Wie kann man von Gott wegkommen? Wie kann Gott wieder finden?

Stichwort: Streit, danken, Ehe

Immer danken

„Du bist ein totaler Versager! Die Zahnpastatube ist schon wieder offen auf dem Waschbecken liegen geblieben. Das ist heute bereits das 89. Mal, dass wir darüber reden. Wann merkst du dir das endlich? Ich sagte dir schon, dass so das Gel ausläuft. Und du machst dann das Becken nicht wieder sauber." „Nun hör auf, zu streiten. Wenn ich meine Zähne putze, dann putze ich so, wie ich es für richtig halte. Dann schraub doch du die Tube zu – und du hast deine Ruhe und brauchst nicht einmal sauberzumachen." „Ich passe doch nicht auf dich auf. Schluss jetzt! Wenn du dich änderst, können wir wieder reden!" Und die Tür flog ins Schloss.

Ich denke an ein Bibelwort: Eph 5,20: „Und sagt Dank Gott, dem Vater, allezeit für alles, im Namen unseres Herrn Jesus Christus." Das muss für die beiden nicht gelten, denn jetzt kann man doch gar nicht mehr dankbar sein. Was würde Jesus dazu sagen? Ist hier noch etwas zu retten? Danken, dass die beiden noch miteinander reden – danken, dass es noch Möglichkeiten gibt, für den anderen dazusein – danken, dass beide eigene Persönlichkeiten sein können – das klingt alles lächerlich. Wenn die Fetzen fliegen, wird danken ganz schwierig.

Vielleicht gelingt es jetzt: Beide ziehen sich in ihre Zimmer zurück. Sie sitzen und denken und schweigen und haben keine Lust, etwas zu tun. Vielleicht erzählen sie Gott ihren ganzen Frust, hoffentlich. Eigentlich hätten sie jetzt Zeit zum Danken, nur: Wofür? - Eine gute Möglichkeit, Dankbarkeit zu lernen und dadurch Unzufriedenheit zu überwinden, soll hier gegeben werden: Suchen Sie sich täglich zehn Gründe, wofür Sie danken können. Damit sind nur solche Gründe gemeint, wofür Sie im Moment wirklich danken können, nicht irgendetwas. Schon nach wenigen Tagen werden Sie merken, wie Sie eine andere Einstellung leben. Es lohnt sich. Und: Vielleicht lassen sich die kleinen Probleme des Alltags sachlicher klären.

Zum Nachdenken: Wofür kann ich danken? In welchen Situationen fällt mir danken schwer?

Stichwort: Betrug, Ehrlichkeit, Spielen, Werte im Leben

Der kleine Betrüger

Vier Jungen spielen Quartett; nicht so mit ziehen und dann irgendwann mal vier Karten von einer Kategorie zu haben. Nein, sie spielen anders: Einer fragt einen anderen Spieler nach einer gesuchten Karte. Wenn der andere Spieler sie hat, muss er sie aushändigen. Dann darf der erste Spieler weiter fragen. Hat er sie nicht, darf er dafür nach einer gewünschten Karte fragen. Mit ein bisschen Glück und einem mittelguten Gedächtnis bekommt man schon mal ein Quartett zusammen. Wem alle Karten abgefragt wurden, kann nicht mehr weiter fragen. Max, Johann, Steve und Peter halten ihr Kartenblatt in der Hand und fragen sich nach gesuchten Karten. Bis auf den kleinen Ärger, wenn man eine Karte abgeben muss, funktioniert das auch ganz gut. Plötzlich bricht es wie ein Sturm herein: „Du, Johann, betrügst. Du gibst Karten nicht heraus, obwohl du sie hast." „Wieso soll ich die Karten haben, nach denen ich gefragt wurde? Ich habe sie nun mal nicht." Nicht allzu lange geht das Spiel weiter. Jetzt brüllt Max: „Siehst du, ich fragte nach der Karte Steve und Peter. Sie haben sie nicht. Ich fragte dich, du hättest sie nicht. Und plötzlich fragst du nach den anderen drei Karten dieses Quartetts und legst alle vier ab. Also hattest du sie doch! Das ist Betrug." Jetzt konnte Johann nichts mehr sagen. Das war für die anderen schon ärgerlich. O. k., das Quartett ging an Max. Nach einer Weile: „Du, Johann, du hast doch gar keine Karte mehr. Ich habe dir doch vorhin die letzte abgefragt. Und plötzlich hältst du wieder eine in der Hand. Das ist nicht o. k." „Musst du denn alles heraus bekommen?" So macht Quartettspielen keinen Spaß. –

Alle vier Jungen spielen ein Würfelspiel: Die Reise durch den Harz. Es ist zwar nicht besonders spannend, aber im Moment haben alle Bock auf so ein Würfelspiel. Nach einer Weile sagt Peter: „Leute, hier stimmt etwas nicht. Ich beobachte das schon eine Weile: Johann setzt meistens ein Feld zu viel." „Stimmt doch gar nicht. Ich hatte eben eine Sechs, da kann ich doch gar nicht weiter setzen. Mehr als Sechs geht nun mal nicht." Das war zwar beeindruckend, aber so richtig waren die anderen drei von diesem Argument nicht überzeugt. Ab jetzt passten alle bei Johann auf. „Hier, jetzt haben wir dich ertappt: Du hattest eine Drei und hast vier Felder vorgesetzt.“ „Kann ja mal passieren.“ Wenige Runden später: „Ich habe keine Lust mehr. Jetzt war es wieder: Johann würfelte eine Zwei und setzte drei Felder.“ „Mit einer Zwei kommt man ja gar nicht richtig vorwärts.“ „Na und? Wir doch auch nicht!“ Es dauerte nicht lange. Als Betrachter versteht man ja gar nicht, warum es Johann immer wieder versuchte. Jetzt haute Steve mit der Faust auf den Tisch. Die Männchen sprangen in die Luft, dass es eine Show war, ihnen zuzusehen. Allerdings landete keins am vorherigen Standort. Nichts blieb mehr wie vorher stehen. „Johann, du bist bescheuert. Ich habe es klar gesehen, wieder ein Feld vorgesetzt. Jetzt ist Schluss. Wenn du nicht ehrlich spielen kannst, musst du dir andere Leute zum Spielen suchen. Vielleicht findest du im Kindergarten welche. Nicht mit uns.“ „Aber andauernd hinten laufen macht doch keinen Spaß.“ „Würfelspiele haben nun mal einen großen Anteil Glück oder Zufall in sich. Wer gewinnt, liegt doch nicht an unserer Spielweise. Aber wenn du betrügst, ist das fies. Was hast du denn für Werte in deinem Leben, dass du immer wieder betrügen musst? Bedeutet dir Ehrlichkeit gar nichts?“

Und so war das Spiel beendet. Leider hat es niemandem Spaß gemacht, auch nicht Johann. Dann hätten sich die Jungen die Spielrunden sparen können – oder?

Zum Nachdenken: Wieviel Wert ist mir Ehrlichkeit auch in schwierigen Situationen? Bin ich ehrlich, auch wenn ich Nachteile davon habe?

Stichwort: Bibel, Bewahrung, Gott im Krieg

Wie die Bibel auch Leben erhalten kann

In wenigen Sekunden wird es klingeln, nein, nicht an der Haustür, sondern zum Unterricht. Ich sitze auf meinem Platz und lasse die Momente verstreichen. Es ist langweilig. Griechisch interessiert mich eigentlich nicht, muss mich aber interessieren. Schließlich ist es Grundlagenfach in meiner Studienrichtung. – Wir sitzen alle gelangweilt da, wir haben alle keinen Bock auf Griechisch. Es ist ja pädagogisch auch nicht gut aufgemacht, macht einfach keinen Spaß. Unser Lehrer ist eben noch vom alten Schlag: Logik ist alles. Aber das Schlimme ist nicht nur die momentane Stimmung, sondern dass diese Stimmung schon seit Wochen, vielleicht Monaten anhält. – Die Schulklingel beendet die Pause und meldet unseren Griechischlehrer an, er kommt. Natürlich sieht er auch unsere miese Stimmung. Wir warten auf die erste Aufgabe, aber stattdessen holt er heute ein Büchlein hervor. Es ist ein besonderes: Ein kleines Neues Testament. Und jetzt erzählt er uns die persönliche Geschichte zu diesem kleinen Buch: Er wurde in der NS-Zeit, während des zweiten Weltkrieges, zum Wehrdienst einberufen, so wie es fast allen Männern erging, die im jungen und blühenden Leben standen. Neben seinen persönlichen Sachen nahm er auch dieses Neue Testament mit. Er trug es immer in seiner linken Brusttasche. Nach der Ausbildung ging es an die Front. Dort erlebte er eines Tages einen fürchterlichen Bombenangriff. Die Splitter sausten durch die Luft, Kameraden wurden tödlich getroffen, auch er wurde getroffen: Ein Schmerz in der linken Brust zeigte es. Nach dem Angriff setzte er sich, um nachzusehen, wie es um ihn geschehen war: Er öffnete seine Jacke und sah wie das Blut herunter floss. Aber er merkte sehr schnell, dass die Wunde nur oberflächlich war. Aus der Jacke guckte eine kleine metallene Spitze heraus. Er nahm sein Neues Testament aus der Brusttasche und sah darin den Splitter stecken: nur eine Spitze blickte heraus. Das Büchlein nahm dem Splitter die Wucht, so dass er darin stecken blieb. Jetzt strömte seine Dankbarkeit zu Gott. Die Wunde war schnell versorgt und das Neue Testament mit dem Splitter verstaut. Seitdem ist es ihm Symbol für Gottes Bewahrung. Gott rettete ihm durch dieses Buch nicht nur geistlich gesehen das Leben. – Die Geschichte hat uns begeistert, auch wenn ich heute weiß, dass es kein Einzelfall war, wie Gott im Krieg bewahrte. Es war eine neue Geschichte, was mit Gottes Wort, mit der Bibel geschah. Wir freuten uns darüber – motiviert zum Unterricht hat es allerdings nicht. Geschichten sind eben schön und Griechisch … Es sind eben zwei verschiedene Sachen.

Zum Nachdenken: Wie hat Gott mich bewahrt? Wann hätte ich Bewahrung gewünscht – und bin doch gereift?

Stichwort: Kinder, Geschenk Gottes, Eltern

Von braven und ungezogenen Kindern

Im Wagen liegt ein Baby und schläft. Stolz wird es von der Mutter beschützt. Alle sagen: „Das sieht süß aus!“ – Der Dreijährige sagt etwas, worüber alle lachen, weil es so komisch geklungen hat und weil es ein Satz war, den Vater immer sagt. Alle freuen sich über den kleinen Bub. – Monika geht schon in die dritte Klasse. Mutti freut sich besonders, wenn ihr Moni gern in der Küche hilft

Dann denken wir alle: Ja, es stimmt, Kinder sind eine Gabe Gottes. Denken wir auch in folgenden Situationen daran?

Gert will seinen Spinat nicht essen. Vater schimpft. Gert weint. Schließlich isst er doch, weil er essen muss. – Silke zankt mit ihrem Bruder. Beide wollen ausgerechnet jetzt das Puzzlespiel mit den Hündchen. Wenn die Mutter nicht gekommen wäre, gäbe es eine Prügelei. – Ronny ist fünfzehn. Wiedermal gab es so richtigen Streit mit seinen Eltern. Bumm!, da war die Wohnungstür zu. Ronny denkt: „Die können mich mal. Immer gibt es Streit mit den Alten.“ Die Eltern sind traurig, denn nach drei Tagen ist er immer noch nicht zu Hause aufgetaucht. Vielleicht schläft er bei einem Freund. Und dabei meinen sie es doch nur gut mit ihm.

Kinder sind eine Gabe des Herrn, auch dann, wenn uns die Gabe zur Plage wird. Gabe heißt nicht immer nur Freude; Gabe heißt oft auch Aufgabe. Könnte es sein, dass Gott uns durch diese Gabe den Blick für das Gute erhalten will, dass er uns zu mehr Geduld erziehen möchte, dass er uns unsere eigenen Fehler bewusst macht, dass wir für unsere Kinder mehr beten sollen, dass wir für sie mehr Zeit haben müssen – denn Gutes muss gepflegt werden (nur Schlechtes wächst von allein)? Und noch eins ist wichtig: Weil Gott der Geber der Gabe ist, müssen wir eng mit ihm zusammen arbeiten, damit wir an seiner Gabe, sprich: an unseren Kindern, möglichst viel Freude haben können. Lasst uns das nie vergessen.

Zum Nachdenken: Wann empfinde ich Kinder nicht als Gabe Gottes? Wie kann ich das ändern?

Stichwort: Krankheit, Tod, Behinderung, Leid

Hinter den Mauern

Vor mir habe ich ein riesengroßes Werbeplakat, auf dem für ein Mineralwasser geworben wird. Dazu gehören zwei junge, hübsche glückliche Menschen. Und daneben wirbt eine Versicherung mit zwei hübschen jungen Menschen. Ja, und da drüben sehe ich ein großes Plakat, auf dem für billigen Strom geworben wird, natürlich auch mit jungen fröhlichen Leuten. Ganz genau erinnere ich mich an das Plakat vom Einkaufsmarkt: Werbung für einen prima Pullover – mit einer lachenden Frau.

Während ich mir die jungen, fröhlichen Leute ansehe, höre ich den Krankenwagen und erahne, wie er die Straßen entlang flitzt. Und plötzlich ist es vorbei mit jung, glücklich und ständig Frohsein. Denn mir wird bewusst: Es gibt nicht nur die Menschen auf der Straße oder in der Werbung, nein, es gibt auch die Menschen hinter den Mauern, in den Häusern, in den Räumen, die nur durch das geöffnete Fenster etwas frische Luft erleben können. Auch sie gehören zum Leben dazu.

Ich denke an den Mann, 39 Jahre alt, er liegt auf der Couch. Eigentlich ist er noch viel zu jung, um den ganzen Tag nur zu liegen. Das Aufstehen fällt ihm schwer, aber seine Familie möchte ihn lieber zu Hause haben. Die Kinder und seine Frau lieben ihn. Er aber hat Krebs. Zum Glück halten sich die Schmerzen in Grenzen. Wie lange wird er noch leben? Die Familie weiß es nicht.

Ich denke an den Jungen, 15 Jahre ist er jung. Er sitzt den ganzen Tag in einem fahrbaren Stuhl. Morgens wird er zur Schule abgeholt, am Nachmittag wieder nach Hause gebracht. Er kann nicht viel tun. Wenn er lacht, sieht es sehr komisch aus. Wenn er Leid empfindet, weint er bitterlich. Er ist geistig behindert, und auch körperlich sehr krank. Aber seine Mutter pflegt ihn mit einer Hingabe, die ich absolut bewundere.

Ich denke an die alte Frau, 92 Jahre ist sie alt. Sie hat nicht nur Enkel, sie hat auch fünf Urenkel, das älteste wird bald heiraten. Aber sie bekommt von alledem nicht viel mit, denn sie muss den ganzen Tag in ihrem Pflegebett liegen. Sie schaut zwar

Richtung Fenster, aber sie sieht so in die unbegrenzte Ferne. „Altersschwach“ sagen die einen, „Demenzkrank“ die anderen. Aber sie lebt noch, auch wenn sie vom Leben nicht mehr viel hat.

Da ist noch die Frau aus dem Nachbarhaus. Mittlerweile ist sie 43. Sie kann kaum noch laufen. Ihr Mann hat sich von ihr getrennt. Mit dieser Krankheit kann er einfach nicht leben. Sie hat Multiple Sklerose. Sie weiß, dass es nur noch schlimmer wird, nur wann und wie, weiß sie (zum Glück) noch nicht. Auch die Söhne haben das Zuhause verlassen. Kein lieber Mensch ist mehr da, nur die Betreuungsperson. Soll sie sich das Leben nehmen? Allen ist sie nur Last! Aber doch hängt sie am Leben, noch kann sie anderen ab und zu etwas geben. Und so hält sie durch.

Und schließlich der kräftige Mann. Er hat immer die große Klappe. Doch manche Tage ist er nicht zu sehen. Dann muss er im Bett liegen, denn seine Bandscheiben melden sich wieder mal. „Geschieht ihm recht, muss er doch nicht immer so den großen Mund haben“, denken die einen. „Er tut mir Leid, Bandscheibenschäden können wahnsinnig weh tun“, denken die anderen.

Aber auch das gibt es: Da wollte eine Frau früh morgens auf Toilette gehen. Während sie duschte, fiel sie plötzlich hin. Vom ungewohnten Geräusch beunruhigt, kommt ihr Mann. Als er sie findet, ist sie tot. Das Wasser läuft noch. Vor fünf Minuten lebte sie noch. Jetzt ist sie tot. Allmählich beginnt er zu realisieren, was hier passiert ist: Plötzlicher Herztod, aus, alles ist zu Ende. 24 glückliche Ehejahre sind plötzlich zu Ende. Was jetzt?

Und ich denke an das Krankenhaus, in dem Menschen liegen, die viel lieber gesund sein würden. Ich denke an den Friedhof, wo Menschen hingehen, weil sie um liebe Menschen trauern. Dabei werde ich auf den Boden der Realität geholt: Auf der einen Seite gibt es frohe, glückliche und zufriedene Menschen. Auf der anderen Seite halten uns Krankheit, Schwachheit, Tod und Unglück in Schach. Beides ist da. Beides lässt uns erahnen: Leben ist Geschenk.

Zum Nachdenken: Wen kann ich ein bisschen glücklicher machen? Wieviel Zeit kann ich investieren, um anderen Mensch zu sein?

Stichwort: Leben, Ziele erreichen, das Leben gestalten

Zug fahren

Im Jahr 2012 fuhr ich von Leipzig nach Halle mit dem Zug. Auch wenn die Autofahrt kürzer ist, wähle ich mitunter die Zugfahrt, sie ist entspannender. Bei dieser Fahrt wurde ich an früher erinnert. Früher fuhr ich gerne und oft Eisenbahn: zu Jugendtreffen, in die Berufsschule, zum Studienort und nach Hause und auch in den Urlaub. Wir fuhren viel mit den Zügen der Deutschen Reichsbahn, denn wir gehörten nicht zu den Privilegierten, die ein Auto besaßen. Besonders gern fuhr ich mit dem D-Zug, wie er damals hieß. Das waren Züge, die nicht an allen Bahnhöfen hielten. Wenn die Strecke gut ausgebaut war, ging es mit 100 bis 120 km/h durchs Land. Das machte mir viel Freude. Ich sah mir fast immer die Häuser an, die Wälder, die Felder und Wiesen, besonders gern Betriebe, manche Leute bei der Arbeit (ich dachte, andere arbeiten zu sehen ist immer besser als selbst arbeiten zu müssen.), manchmal sah ich Tiere und Vögel. Begeistert hat mich die Erntearbeit, die Ladung auf den Güterzügen oder die Fahrt über und unter Brücken. Nicht immer fand ich Sensationelles, aber das ganz normale Leben war und ist mir interessant.
Natürlich gab es auch spannende Momente: An einem Wintertag mit – 20° C musste ich von Pulsnitz (östlich von Dresden) nach Berlin zu einer dienstlichen Sitzung. Die Fahrt nach Dresden war noch ohne Probleme zu schaffen. Aber dann ging es los: Wir konnten kaum in den Zug einsteigen, so vereist war er. Schließlich schafften wir es, irgendwann fuhr er los, irgendwann kam die Zugheizung in Gang. Und irgendwann kamen wir in Berlin an. Abenteuerlich wurde die Rückfahrt am Abend: Etwas später als geplant fuhr der Zug in Berlin ab. Manchmal fuhr er, allerdings stand er länger als er hätte fahren sollen. Fahrleitungsschaden, hieß es. Es ging fast gar nichts mehr. Irgendwie scheinen die fleißigen Monteure den Draht wieder verknüpft zu haben, jedenfalls kamen wir dann doch noch in Dresden auf dem Hauptbahnhof an. Aber hier war das totale Chaos. Die regulären Züge fuhren nicht oder waren schon weg, wie mein Anschlusszug, von dem nicht mal mehr die roten Lichter zu sehen waren, denn unsere Verspätung war reichlich. Man hatte fast den Eindruck, fast alle

Reisende wollen mit demselben Zug fahren: Die Massen standen vor der elektrischen Anzeigetafel. Plötzlich bewegte sie sich. Jeder war gespannt, ob vielleicht der selbst gewünschte Zug angezeigt wurde. Dann sah man den Zug, der in den nächsten Minuten fahren sollte, und die Massen strömten dorthin. Da ich nicht dorthin fahren wollte, blieb ich stehen. Bald aber bemerkte ich, dass noch ein paar Leute mit mir stehen blieben. Weichen wurden aufgetaut und eingestellt, mechanische Signale im Frost bewegt, Fahrwerke enteist – und schließlich fuhr der Zug ab. Wir warteten weiter. Dann, neue Hoffnung: die Abfahrtsanzeige bewegte sich wieder. Wer ist jetzt dran? Schließlich gingen die Massen wieder zu einem Zug. Ich weiß nicht mehr, wie lange ich wartete. Irgendwann wurde mal ein Zug in meine Richtung angezeigt (wie freundlich, dass wir auch mal dran waren). Irgendwie kam ich zu Hause an. Es glich unter diesen Umständen einem Abenteuer.

Zum Glück war nicht jede Bahnfahrt so eine Riesenaktion. Am schönsten war die Fahrt, wenn sie pünktlich war, ich am Fenster saß, alles ruhig war; man sieht sich die Landschaft an oder liest ein Buch oder die Zeitung; wenn man Hunger hatte, konnte man die selbst vorbereiteten Schnitten heraus holen; manchmal kam man mit Reisenden ins Gespräch; manchmal nahm man an der Langenweile eines Kindes Anteil. Zug fahren war mir eben interessant.

Mitunter kommen mir bei diesen Erinnerungen Gedanken an mein Leben: Das Leben ist manchmal wie eine Zugfahrt. Ich möchte im Leben etwas erreichen. Andere begleiten mich; zu ihnen kann ich Kontakt aufnehmen. Ich hoffe, vor Katastrophen verschont zu bleiben. Dafür bin ich Gott sehr dankbar. Und wenn eine kommt, geht er mit mir hindurch. Wenn ich in die falsche Richtung lebe, kann ich aussteigen und umsteigen, mein Leben korrigieren. Manchmal muss ich umsteigen, sprich: Etwas ganz anderes beginnen. Und eines Tages beenden wir alles, wir sind (hoffentlich) am Ziel, die Fahrt wird immer langsamer, bis der Zug steht. Umsteigen geht nicht mehr – Endstation. Zug fahren ist wie das Leben leben.

<u>Zum Nachdenken:</u> Was ist dein Ziel? Was willst du im Leben erreichen? Wie gestaltest du deine Fahrt durchs Leben?

<u>Stichwort:</u> Gelassenheit, Zufriedenheit, Miteinander, Harmonie

Zwei Sammler

Der eine sammelt Briefmarken, er heißt Alwin. Er sammelt nur bestimmte Bereiche, denn alle Marken der Welt kann kein durchschnittlicher Mensch sammeln. Die Queen von England soll alle haben und im Postmuseum in Berlin gibt es wohl alle Marken zu sehen, vielleicht in noch ein paar Museen der Welt. Alwin sammelt nur zwei Länder. Davon möchte er alle Marken haben. Und er hat einige Motive, die er sucht, z. B. Eisenbahn oder Akkordeon oder Teddybär. Das macht einfach Spaß. Und wenn er mal eine Marke findet, die er so richtig toll findet, aber nicht zu seinen Sammelgebieten passt, steckt er sie in ein extra Album. Da fand er eine Marke in 3-D-Art oder eine mit einer Lochentwertung anstelle einer Stempelentwertung oder eine mit den Dreien der Olsenbande, diesem dänischen Gaunertrio, von denen es 14 Filme gibt, oder eine mit dem Grabtuch von Turin (das interessiert ihn besonders). So sammelt er seine Gebiete, aber manchmal ein bisschen mehr. – Nicht alle verstehen das. Manche sagen gehässig: „Du sammelst doch fast nur bunte Bildchen." Das kränkt ihn. Und dann nimmt er sich seine Marken heraus und erfreut sich an „seinen bunten Bildchen". Vielleicht denken die, dass man mit Briefmarken noch richtig Geld machen kann. Wer so denkt, hat schon verloren. Wer es nicht als einfaches Erfreuen macht, wer nicht am Hobby, egal wie, Gefallen hat, sollte aufhören, Briefmarken zu sammeln. Es muss einfach Spaß machen: das Sammeln und Verarbeiten des philatelistischen Materials. Alwin hat diese Freude, deshalb kann er auch mal ganz andere Marken sammeln, als er sonst gewöhnlich sucht.

Aber da gibt es noch einen. Alwin kennt ihn. Er heißt Volker. Volker sammelt keine Briefmarken, sondern Ansichtskarten. Er sucht von der ganzen Welt Ansichtskarten, möglichst von jedem Land eine, was von Afrika ganz schwer ist. Manchmal hat Alwin einiges an Karten da, keine alten, einfach Karten aus dem Urlaub oder von Freunden, was sich so ansammelt. Wenn er eine kleine Sammlung zusammen getragen hat, geht er zu Volker. Er sucht sich dann heraus, was er gebrauchen kann. Und dann beginnt Volker zu erzählen: „Hier, hier war ich im Urlaub. Da war ich noch jung, da traf ich die schöne G. Aber wir sind nie zusammen geblieben. Und hier, auch hier war ich im Urlaub. Es war total beeindruckend, diese Sicht live zu sehen. Und hier war ich auf einer Dienstreise. Auch wenn wir wenig Zeit für Tourismus hatten, fand ich die Gegend reizend." Und er beginnt zu schwärmen von phantastischen Menschen und interessanten Sehenswürdigkeiten, von hohen Bergen, langen Brücken, tiefen Seen und sonnigen Stränden. Schon das Zuhören ist für Alwin hoch interessant. Nach so einer kleinen Erzählrunde hat sich vor Volker ein kleiner Kartenstapel gebildet. Diese bekommt er natürlich - einfach so. Manchmal hat er auch etwas für Alwin, wenn er mal einen interessanten Brief aus Uruguay bekommt oder eine Eisenbahnmarke einer privaten Post. Dann freut sich Alwin besonders. Und nun kommt's, was Alwin am meisten beeindruckt: Volker sagte ihm mal: „Du kannst mir immer wieder die Karten vorlegen, die ich schon sah. Irgendwann finde ich wieder eine Verknüpfung und dann nehme ich sie." So passiert es, dass Volker eine Karte plötzlich nimmt, die er schon viermal abgelehnt hatte. Strenge Sammler würden sich wundern: Ist der denn verrückt? So kann man doch nicht sammeln. So wird nie etwas aus ihm (auch wenn sie nie sagen, was aus ihm werden soll). Alwin merkt, dass es Volker einfach Spaß macht, über die zu sehenden Ansichtskarten zu reisen, sich an das eine oder andere zu erinnern, wieder das zu sehen, was er schon mal gesehen hat. Und Volker freut sich an Alwin, wenn er eine kleine Marke findet, die ihm gefällt. Der eine hat kein Gefallen an den großen Pappkarten; der andere findet die gezackten Bildchen zu klein. Beide freuen sich, wenn der andere Freude empfindet. Ist das nicht prima? Diese Gelassenheit am Leben, dieses Mitfreuen am anderen, dieses Anteilnehmen an einander – das macht diese beiden froh.

Zum Nachdenken: Was gibt mir Gelassenheit im Leben? Was nimmt mir die Gelassenheit im Leben? Was kann ich dagegen tun?

<u>Stichwort:</u> Liebe, Leidenschaft, Ehebruch, Gefühl

Die Blonde – darf Man(n) an sie denken?

Gerald ist verheiratet, seit über 20 Jahren, hat drei erwachsene Kinder. Seine Frau und er haben natürlich viel zu tun, wer wohl nicht. Von Ehekrise kann keine Rede sein, o.k., sie streiten manchmal, werden lauter, aber immer wieder geschieht Versöhnung, sind wieder ein Herz und eine Seele. Sie haben manche Krise durch, haben sich aber gesagt: wir wollen zusammenhalten, nicht weglaufen, auch wenn es nicht immer einfach ist. Wir sind nun mal emotionaler. Da geht es nicht immer leise zu. Wir schimpfen auch mal, lachen aber auch. Es ist für uns normal, nichts Besonderes.

Gerald schaut zum Fenster hinaus, wie so oft. Aber heute sieht er eine junge Frau. Oh, sie sieht ja gut aus: Blond, schlank, ihre Ausstrahlung spricht ihn total an. Sie hat ein kleines Mädchen dabei. Und sie geht ins übernächste Haus, quasi ins Nachbarhaus. Bisher sah er sie noch nie. Sicherlich ist sie erst hergezogen. Sie fährt einen kleinen dunkelblauen Toyota – da steht auch der Name des Mädchens, ein Aufkleber verrät: Eva fährt mit. Ist sie christlich oder gibt man so einen Namen, weil es vielleicht Mode ist? Ist sie vielleicht in einer Freikirche Mitglied? Öfters sieht er die junge Frau, sie kommt, fährt mit dem Fahrrad weg, geht zu Fuß weg oder mit dem Auto, sie kommt und geht und kommt mehrmals am Tag, manchmal erst abends. Was arbeitet sie eigentlich? Bei so einer unregelmäßigen Arbeitszeit? Sie ist nie geschminkt, geht schick gekleidet, tritt selbstbewusst auf. Manchmal scheint sie das ganze Wochenende nicht da zu sein, denn ihr Auto fehlt auf dem Parkplatz. Dann ist sie wieder da. Sie merkt, dass Gerald sie beobachtet. Was wird sie denken? Manchmal guckt sie weg, manchmal auch nicht. - Gerald fährt in einem Nachbardorf die Straße entlang, da kommt ihm ein kleiner Toyota entgegen, sie ist es. – Er geht zum Lidl etwas holen. Wen sieht er dort? Sie kauft auch gerade ein. – Sie grüßen sich nicht. Sollten sie es tun? Sie begegnen sich scheinbar zufällig. Absicht kann es nicht sein, denn Gerald kommt völlig unregelmäßig aus dem Haus. Da sie aber öfters unterwegs ist und er es auch ist, sehen sie sich manchmal. Sollte er einfach so einen

Smalltalk beginnen, so wie er es mit anderen Nachbarn auch macht? Gerald möchte Kontakt zur Nachbarschaft, aber zu ihr? – Wie heißt sie eigentlich? Vielleicht verraten die Klingeln ihren Namen. Gerald studiert sie. Aber nein: Da stehen so viel Namen dran, auch mehrere Frauennamen. Stimmt ja, da wohnen noch mehr alleinstehende junge Frauen im Haus. – Gerald geht durch die Stadt, muss den Verkehr vorüber lassen. Dabei ist ein kleiner Toyota; sie sieht ihn am Straßenrand stehen. – Manchmal, abends oder in seinem Zimmer, wenn so allmählich innere Ruhe kommt, will ihn sein Gefühl durchgehen, er denkt an sie. Sie begegnen sich öfters, es ist immer Zufall, aber auch irgendwie schön. Nennt man das Verliebt sein? Ob er sie einfach mal anspricht?

Will Gerald überhaupt einen intensiven Kontakt zu ihr? Er ist verheiratet, nicht gerade unglücklich verheiratet, hat eine gut aussehende Ehefrau und ist Gott dafür auch dankbar, er hat drei Kinder. Er kennt die Blonde doch überhaupt nicht. - Will er, dass sie vor seinem Fenster stehen bleibt und einfach so mit ihm quatscht? Es wäre schön. Kann und darf er einfach so eine Freundschaft zu einer gut aussehenden Frau pflegen? Ist das nicht eine Gefahr für die eigene Ehe, für seinen Ruf und für den Beruf? Wäre das nicht Ehebruch? Was wäre denn, wenn die Blonde vom Nachbarhaus klingelt und sagt: Ich habe draußen gelesen, dass Sie Seelsorger sind. Darf ich mit Ihnen mal sprechen? Daran wäre nichts auszusetzen. Kein Problem. Wenn das aber immer wieder passiert? Was würde seine Frau dazu sagen? Gerald geht vormittags weg, wandern, wie er es oft tut, trifft sich aber im Stadtwald mit der Blonden. Sie unterhalten sich, gehen spazieren, setzen sich auf eine Bank. Sie merken, sie verstehen sich. Sie möchte mehr wissen, auch von Jesus erfahren – nur seinetwegen? Andere sehen sie: „Was, den kennen wir doch, der steht doch manchmal auf der Bühne, zum Weihnachtsmarkt, der ist doch Christ. Hat der eine Freundin? Sie könnte seine Tochter sein, aber seine Tochter sieht doch anders aus – oder täuschen wir uns?“ – Gerald macht einen Besuch und geht ins Nachbarhaus zur Blonden. Sie trinken gemeinsam einen Tee und unterhalten sich. Darf das sein? Oder ist hier emotional schon zu viel gelaufen? Nein, nein, kein Kuss, kein Streicheln des anderen, ganz normal, eben eine normale Freundschaft – oder dann doch mal eine

Berührung? Sie wirkt so elektrisierend. Und wenn sie mit zum Gottesdienst käme? Wäre das unproblematisch oder wäre das prima?
Nach ein paar Wochen fällt ihm auf, dass sie ihr Mädchen nicht mehr bei sich hat. Sie bringt Eva nicht mehr in den Kindergarten und holt sie nachmittags nicht ab. Wo ist Eva? Was läuft hier ab? Auch am Auto fehlt der Aufkleber: Eva fährt mit. Ist die Blonde geschieden? Geht die Kleine jetzt zum Vater? Warum sorgt sie sich als Mutter nicht für Eva? Denn das Mädchen braucht noch die Eltern, die Mutter, als Bezugsperson. Und sie nannte sie einmal auf der Straße „meine Eva". Gerald hatte es klar gehört, denn sein Fenster stand zum Lüften offen. Spielt sich hier eine Tragödie ab? Oder gar eine Kriminalgeschichte? Aber er kann die Blonde nicht danach fragen. Oder sollte er? Vielleicht hat sie innerlich eine Not? Aber sie muss sich ja nicht ihm öffnen. Sicherlich hat sie Freundinnen, denn ein paar Mal kam eine junge Frau zu ihr und besuchte sie. Mit ihr sprach sie schon auf der Straße sehr angeregt freundlich – „meine Blonde" – wie nannte er sie eben?
Spinnt er oder sind solche Gedanken ganz normal? Darf man solche Gedanken haben oder ist es schon gedanklicher Ehebruch oder eine ganz große Versuchung? Ihm ist klar, dass er bei seiner Familie bleiben will. Aber als Mann hat man trotzdem einen Geschmack, was Frauen angeht, egal wie alt die andere ist. Manche Frau spricht manchen Mann an, und oft nicht nur einen. Da hat man plötzlich so ein starkes Gefühl für den anderen. – „Du sollst nicht begehren – ich will auch nicht begehren, ich will nicht haben wollen. Und doch kommen die Gefühle und die Gedanken. Was mache ich mit ihnen?" Vielleicht möchte er nicht an die Blonde denken; und dann sieht er sie wieder. Sie wohnt nun mal in der Nachbarschaft.

<u>Zum Nachdenken:</u> Welche Gedanken kommen beim Lesen? Was würde allen helfen?

Stichwort: Leben leben, Jesus, Lebenssinn, Prioritäten

Spiel des Lebens oder: Das Leben als Spiel

Wir als Familie spielen ganz gern. Ich meine weniger die Schauspielerei, das ist ein anderes Thema, auch nicht Computerspiele; ich meine Spiele am Tisch, Brettspiele, Gemeinschaftsspiele. Eine Zeit lang spielten wir fünf alle wie verrückt „Die Siedler von Katan“. Nicht das wir nur die Landversion und die Seefahrerversion spielten, nein, auch die Weltraumversion oder die speziellen Versionen, z. B. Pharao oder Alexander der Große, auch das Kartenspiel zu zweit mit Ergänzungskarten. Aber das war noch nicht genug: Eine eigene Version wurde konstruiert. Hier konnte man über mehrere Level spielen. - Oder wir spielten „Barbarossa“ oder „Activity“ oder „Adel verpflichtet“ oder „Das Spiel der Spiele“ oder „Live-Style“ oder auch „Hase und Igel“. Wir spielten auch manches Kartenspiel, z.B. „Halali“, „UNO“ oder auch „Rommé“. Unser exotischstes Spiel ist wohl „Mah-Yong“, ein fernöstliches Spiel. Ich kenne es von meinem Opa. Wir hatten zunächst ein nachgebautes Spiel. Später bekam ich im Spielzeuggeschäft richtige Mah-Yong-Steine.

Beim Spielen merkte ich irgendwann, dass es zwei verschiedene Arten von Spielern gibt. Zwei Begebenheiten lehrten mich diese Sicht: Eine Zeit lang spielten wir mit einer Familie, mit der wir befreundet waren. Sie spielten gern Tischspiele und wir auch. So trafen wir uns einmal im Monat, mal bei ihnen und mal bei uns. An so einem Abend lagen die Steine von Siedler auf unserem Tisch. Ich beobachtete im Spiel, wie er dabei war, seine Frau mit einer eigenen Straße total vom gesamten Plan abzutrennen. Damit wäre sie als Konkurrent nicht mehr spielbestimmend. Er freute sich darüber, dass sein Plan gelang, aber sie – logischerweise – ärgerte sich maßlos. Vielleicht hat sie es vorher in einer anfänglichen Bauphase nicht bemerkt. Als sie es entdeckte, war es zu spät – und die gute Laune einschließlich Spaß am Spielen war dahin. – Unser Sohn dagegen spielte als Kind, unabsichtlich, oft eine andere Art. Er spielte einfach so als Spaß an der Freude. Wir wunderten uns, weil wir bei seinem Spiel keine Taktik und kein Ziel erkennen konnten. Er beklagte zwar, dass er nie gewinnt. Aber mit seiner Spielweise konnte man auch nicht gewinnen. Er aber hatte einfach Spaß am Spielcharakter, z. B. am Bauen und Kaufen während eines Siedlerspiels. – Obwohl ich auch ein zielgerichteter Spieler sein kann, merkte ich in den Spielrunden mit unserem befreundeten Ehepaar, dass so ein zielorientiertes Spiel auch gewaltige Nachteile hat: Der Gemeinschaftssinn geht verloren. Ich sagte mir: So möchtest du nicht mehr spielen. Du spielst nicht, um zu gewinnen. Du spielst einfach so, um den Spielcharakter zu genießen. Wenn du gewinnst, ist es o. k., aber ich suche nicht bewusst den Sieg. Beim nächsten Treffen mit dem Ehepaar spielte ich anders. Es blieb ihnen nicht verborgen, dass mit mir etwas nicht stimmte. Wir kamen ins Gespräch. Es war für sie eine Entdeckung, auch anders als bisher gewohnt spielen zu können. Spielen ist schon eine feine Sache, die Frage ist nur, wie spielt man. –

Ist Ihr Leben ein Spiel? – Natürlich – nur: Was für ein Spiel ist Ihr Leben?

Ein Kinderspiel oder ein Scheiß-Spiel? Ein reines Mensch-ärgere-dich-nicht? (Über wen ärgern Sie sich – besser nicht; es schadet nur Ihnen, dem anderen nicht einmal.) Oder ein Spiel mit einem Joker, sprich mit einem besonderen Freund? Stehen Sie auf der Verliererseite oder gehören Sie zu den Gewinnern? Wie fühlen Sie sich? Bieten Sie dem anderen Schach oder werden Sie ausgeknockt? Oder gleicht ihr Leben einem Patt – es geht nichts mehr?

Egal ob wir gute (Schau-)Spieler sind oder schlechte: Es gibt einen, der unser Leben bereichern will – wenn wir wollen. Vielleicht lachen Sie über diesen Namen (wäre wohl kein guter Jungenname auf der Entbindungsstation). Aber viele haben erlebt, dass eine Freundschaft mit ihm das Lebensspiel nicht nur bereichert, sondern auf ein ganz anderes Level bringt. Es ist kein schwierigeres, sondern ein lohnenderes Spiel. Ich weiß nicht, ob Sie dieser Name und diese Person interessiert. Ich weiß nur, dass sich ein Leben mit ihm lohnt. Ich selbst und viele andere haben es erlebt. Wollen Sie diese Person kennen lernen? Sie heißt JESUS. Da er auf uns wartet, liegt es an uns, ob wir wollen. Mit Joker gewinnt es sich viel leichter. Jesus möchte unser Joker sein. Wollen Sie ihn? Sie müssen nicht, aber mit ihm lebt es sich besser!

Zum Nachdenken: Welcher Unterschied besteht zwischen einem Leben ohne Jesus und einem Leben mit Jesus? Wie gewinnt mein Leben durch Jesus?

Stichwort: Schuld, Sünde, Erlösung, Vergebung

Müssen wir erst im Gefängnis sitzen?

Frank sitzt seit 3 Jahren im Knast. Er bekam insgesamt 15 Jahre, wegen zweifach versuchten Mordes unter Alkohol, eine heftige Strafe. Er bekommt von Gerd eine Anmeldekarte zu einem Bibelfernkurs. Da er ja Zeit hat, meldet er sich an. Mal sehen, was das ist. Nach den ersten Lehrbriefen und seinen Anfängen im Bibellesen packt es ihn: Mensch, da ist einer, der versteht dich. Er wurde bestraft, obwohl er keinen Mist verbockt hatte. Und ich sitze hier, weil es so sein muss, weil es logische Folge meiner Schuld ist. Und dieser Jesus nimmt meine Schuld auf sich und sagt: „Frank, ich vergebe dir. Ich nehme dir deine Schuld weg, du sollst unschuldig sein." Das ist enorm. Wahnsinn, meine Schuld wird einfach gestrichen. Und dieser Jesus fordert mich auf, mit ihm und für ihn zu leben.

Frank hat sich schließlich taufen lassen, im Gefängnis. Und das ist keine fromme Masche, damit er Straferlass bekommt. Nein, es hat ihn total umgekrempelt. Er hat es verstanden und fühlt es an sich, was es bedeutet: Die Sünde, die eigene Schuld vergeben zu bekommen. Er lebt als froher Christ, im Gefängnis. –

Uwe hatte gehofft, dass es nicht heraus kam. Aber nach neun Jahren wird es ihm klar bewiesen, er hat das kleine Mädchen vergewaltigt. Eigentlich ist er nicht so, aber auf dem Kinderferienlager war die Kleine so süß. Da hat er eben. Nun sitzt er. Er weiß, dass er unter den Gefangenen der letzte Dreck ist. Aber er geht regelmäßig zum Gottesdienst. Auch er hat selbst erlebt, was es heißt, die eigene Schuld vergeben zu bekommen. Auch für ihn ist Jesus gestorben und auferstanden. Er weiß sich von Jesus geliebt und angenommen, auch wenn sich seine Frau von ihm scheiden ließ. Er hat die Liebe Gottes nicht als spektakuläre Wende erlebt, vielleicht so wie Frank. Nein, bei ihm war es anders: Jesus hat sich in sein Leben eingeschlichen, so ganz allmählich, bis er merkte: Jesus ist mir wichtig – geworden. Uwe setzt sich für andere Gefangene ein, spricht mit ihnen, manchmal auch über Jesus und sein Leben. Er weiß, was er an Jesus hat. –

Holger hatte schon vor seiner Knastzeit von Jesus gehört. Er hatte schon vorher Kontakt in eine christliche Gemeinde. Aber er und die Gemeinde haben sich verloren. Eines Tages erhielt er von irgendwoher auch so eine Anmeldekarte für einen Bibelfernkurs. Er schreibt sowieso gern, also könnte er es mal probieren. Vieles hat ihn an früher erinnert als er in den Jugendkreis der Kirchgemeinde ging. Und er begann wieder aktiv mit Jesus zu leben, in seinem Wort zu lesen und es in seinen Gefängnisalltag umzusetzen. Es machte sogar Spaß, mit Jesus zu leben. Manchmal bekam er so richtige depressive Phasen. Jetzt allerdings, wenn er wieder so eine Phase hatte und in der Bibel las und mit Jesus darüber sprach, waren diese Zeiten weit weniger intensiv als früher. Das fand er sehr interessant. Oft erzählt er anderen Gefangenen von Jesus, von der Möglichkeit ihn kennen zu lernen. Einem jungen Mann, der sehr selbstsicher auftrat und wegen des gleichen Delikts in den Knast kam wie er, redete er einmal so ins Gewissen und von Jesus, dass der junge Mann merkte, es gibt noch etwas, was wir brauchen, aber nicht so fassen können wie Kinder und Mädels. Das Leben mit Jesus muss eine andere Dimension sein. Jesus vergibt Schuld und schenkt neues Leben.
Und ich? Ich sitze nicht im Knast. Ich lebe in einer ewig jungen Gesellschaft (zumindest zeigt es so die Werbung). Ich fühle mich als der Beste, zumindest wenn niemand anderes da ist. Ich gebe mich als der King im Alltag. Jesus – ja o. k., schon gut, ist schon wichtig, am wichtigsten ist die Sündenvergebung, das weiß ich. Aber: Habe ich das jemals erlebt? Ich bin schuldig – ich bekomme vergeben? Müssen wir erst in den Knast kommen, um diese Lebensgrundlage zu erleben?

Zum Nachdenken: Was hilft mir, meine wirkliche, nicht eingeredete Schuldigkeit zu erkennen? Wie kann ich Jesu Vergebungsbereitschaft erleben?

Stichwort: Flaschenpost, Freude machen, wagen, Urlaub

Was man am See noch machen kann

Jugendfreizeit Juli 1990. Es war noch am zeitigen Vormittag. Wir saßen auf dem Zeltplatz. Die Sonne schien und begann ihre Hitze auf uns zu schleudern. Unser Zeltplatz grenzte an einen See, an die Müritz. Dort lagen auch unsere Paddelboote. Sie plätscherten ruhig im Wasser. Bereits 5 Tage trugen sie uns übers Wasser, bei Wind und Sonnenschein. Wir saßen und hatten unser Schreibzeug vor uns. Ein Plan begeisterte uns. Zu unserem Schreibzeug gehörte eine Karte, auf deren Vorderseite ein Bibelspruch stand. Wir wollten die Karte verschicken – nur an wen? Wir hatte keine Adresse, ja wir durften keine Adresse verwenden. Aber das hätte sowieso keinen Sinn gemacht. Wir überlegten, was wir schreiben könnten, ja: An wen? Wer erhält die Karte? Ich schrieb auf die Rückseite: „Hallo! Wir fahren mit dem Paddelboot während einer Jugendfreizeit auf der Mecklenburger Seenplatte und wollen Sie mit dieser Karte grüßen und Ihnen eine kleine Freude machen. Wenn Sie diese Karte erhalten haben, würde ich mich über einen kleinen Brief von Ihnen freuen. Herzliche Grüße und Gottes Segen (meine Adresse)." So ähnlich schrieben wir alle, nur der Absender war verschieden – klar. Jetzt wurde sie verschickt: Wir steckten unsere Karte, nein: nicht in den Briefkasten, sondern in eine saubere Weinflasche und verschlossen sie mit einem gut abdichtenden Gummistöpsel. Nachdem wir uns reisefertig gemachten hatten und auf den See gefahren waren – denn unsere Strecke ging an diesem Tag wieder quer über die Müritz – ließen wir mitten auf der Überfahrt unsere Flaschen zu Wasser. Jetzt lag ihr Schicksal in ihren Händen. Wir waren alle gespannt, was aus unseren Flaschen werden würde.

Wir verloren zuerst unsere Flaschen, dann – nach einigen Tagen und Wochen auch uns als Teilnehmer aus den Augen. Deshalb kann ich nicht erzählen, was aus allen 16 Flaschen geworden ist. Die Wochen vergingen, und auch die Monate – ich hörte keine Reaktion. Ich gab schon längst das Warten auf, denn so eine Flasche kann zum einen doch allmählich voll Wasser laufen – und sinken. Damit wäre der Kartentraum aus gewesen. Oder sie wird irgendwo ins Dickicht getrieben – und ebenfalls von niemandem gelesen. Oder sie wird von spielenden Kindern gefunden, zertrümmert, die Karte weggeworfen. Dann erfüllte sie ebenfalls nicht ihren Zweck. Oder? Jedenfalls war die Wahrscheinlichkeit ziemlich gering, ein Echo zu erhalten. Es war eben der Spaß an der Sache, der uns zu dieser Tat antrieb.

Nach zwei Jahren erhielt ich einen Brief. Den Absender kannte ich nicht. Ich öffnete ihn und las. Der Brief war interessant: Rumänien-Deutsche fanden am Strand – wo? Ich weiß es nicht. – eine Flaschenpost, öffneten sie und fanden meine Karte darin. Sie haben sich sehr gefreut und wollten mir ihren Dank schreiben. – Nicht nur sie freuten sich sehr, sondern natürlich auch ich. Das war natürlich eine tolle Überraschung: Eine Flaschenpost, die schließlich doch ihren Sinn erfüllte: Freude machen.

<u>Zum Nachdenken:</u> Wie könnte ich auf verrückte Idee, aber für Menschen ansprechend, Kontakt zu anderen bekommen? Wen müsste ich wieder Mal erfreuen?

Stichwort: Weg des Lebens, Gottes Führung, Verlaufen, Kraft, das Schöne und Schwierige

Der breite und der schmale Weg

Wir gehen als Familie gern wandern. Einige Wochen verbrachten wir im Harz und sammelten die Stempel der Harzer Wandernadel. Dadurch lernten wir in diesem kleinen Mittelgebirge Orte kennen, die sehenswert sind, wir aber als gewöhnliche Touristen nie gesehen hätten. Wir stellten unsere Touren meist so zusammen, dass unsere tägliche Wanderstrecke mehrere Stempelstellen verbindet.

Es war ein warmer Tag. Wir gingen an diesem Tag einen breiten Weg bergauf, Schritt für Schritt, ganz monoton, keine Unterhaltung, ganz in Ruhe, um ja nicht zu viel Energie bei Wärme und steigendem Gelände zu verbrauchen. Das ist notwendig, um die eigene Ungeduld zu besiegen, denn alles hat seine Zeit, auch so ein Weg. Nach einer halben Stunde waren wir an einer Kreuzung angekommen, sahen die Hütte mit dem Stempelkasten und freuten uns über den nächsten Stempel, den wir in unseren Wanderpass drückten. Prima, wieder ein kleines Ziel erreicht.

Nach einer kurzen Pause: Schnelle Orientierung und es geht weiter. Diesmal haben wir es gut: ein asphaltierter Weg verläuft leicht bergab. Wir marschieren los, sprechen viel und sehen so manches: einen schönen Schmetterling, schöne Blumen am Wegesrand, einen schief gewachsenen Baum, eine Bachstelze auf dem Weg und manch weiter Blick durch den Wald. Es läuft sich herrlich: Frisch getrunken, Sonnenschein, leichtes Gefälle, breiter Weg, gutes Miteinander. So macht Wandern Spaß.

Nach einer Dreiviertelstunde kommen wir an eine Kreuzung; wir müssen uns orientieren, um dann den richtigen Weg zu gehen. Wir studieren die Kreuzung: Es gibt keinen Wegweiser. Das ist schon komisch. Wir studieren die Karte: Auf dem geplanten Stück gibt es diese Kreuzung nicht. Wir sehen uns unseren Weg an, er hat kein Wanderzeichen. Wir sehen ein altes Steinkreuz, auf dem zwei Richtungen eingemeißelt wurden. Das ist gut zu lesen, aber wo sind wir wirklich? Wir schauen alle Mann in die Wanderkarte, suchen die letzte Stempelstelle und konstruieren nach, wie wir gegangen sein könnten und wo wir jetzt stehen müssten. Schließlich finden wir unseren Standort auf der Karte. Das ist beschämend: Es gibt von hier keinen Weg zu unserem nächsten Stempelkasten, denn dazwischen liegt ein See. Durch den See schwimmen geht nicht, querfeldein oder besser querwaldein macht wenig Sinn, denn unsere Stempelstelle liegt von hier aus relativ weit weg, was ein Verlaufen wahrscheinlicher macht als ein Erreichen des nächsten Zieles. Also bleibt uns nur die schlechteste aller Lösungen in so einem Moment: Umkehren. Wir fügen uns in die Notwendigkeit, sind wir alle erfahren genug, um zu sehen, dass es keine andere sinnvolle Lösung gibt. Wir traben los: Schritt für Schritt bergauf, die Wärme der Sonne und des eigenen Körpers registrierend. Jetzt haben wir keinen Blick mehr für Schmetterlinge und Waldblumen. Jetzt fällt kein Wort zwischen uns, jetzt heißt es: auf sportlichem Wege den eigenen Frust bewältigen. Die Sonne lacht und wir ziehen die Mundwinkel nach unten. Überzeugung und Ärger über die eigene Dummheit geben uns die Energie, den Weg so schnell wie möglich zurück zu laufen. Was sein muss, muss sein; auch wenn es viel zu lang dauert.

Nach einiger Zeit merken wir, dass wir unserer vorigen Stempelstelle rasch näher kommen. Das ist kein Einreden, irgendwie geht sich der Weg doch nicht so lang, wie es uns vorkam. Dann: Wir sehen unsere Hütte von vorhin. Und wir sehen: ca. 50 m neben der Hütte auf unserem Weg biegt ein ziemlich zugewachsener Pfad ab. Dieser ist zwar markiert, war für uns vorhin aber zu unauffällig. Den müssen wir jetzt gehen – und sind wieder auf dem richtigen Weg.

Alle sind erleichtert. Jetzt lacht nicht nur die Sonne, jetzt lachen auch wir. Es geht der nächsten Stempelstelle entgegen. Auch wenn es über eine Stunde Zeitverzug gibt, stimmt die Richtung, und das Ziel von heute ist erreichbar. Nicht nur breite Wege leicht bergab machen das Wandern leicht. Auch ein richtiger Weg nach einem Verlaufen lässt einen Weg leicht gehen. Wir spüren es.

Zum Nachdenken: Welche Umwege musste ich im Leben machen? Wie bin ich wieder auf den richtigen (was heißt „richtig“) Weg gekommen?

Stichwort: Bewahrung, Auto fahren, Kurzsichtigkeit, Schimpfen und Danken

Können Engel Autofahren?

Vor einigen Jahren fuhr ich mit dem Auto auf der Straße von Schneeberg nach Zwickau zu einem wichtigen Besuch – und wie leider so oft: unter ein wenig Zeitdruck. Am Ortsausgang führt die Straße etwa 1000 m einen Berg hinauf. Etwa auf der Hälfte des Berges mündet von rechts kommend eine Nebenstraße auf die Bundesstraße.

Vor mir fuhr ein Pkw - für meine Begriffe viel zu langsam. Warum schlich er nur so den Berg hinauf? Er könnte doch schneller fahren. Auch wenn mein Besuchstermin nicht gleich gefährdet erschien, gefiel mir diese langsame Fahrweise überhaupt nicht. Natürlich wollte ich zügig vorankommen. Ich dachte an meine Fahrschule, als mir mein Fahrlehrer bei der ersten Fahrt sagte: "Nun schalten Sie doch mal in den dritten Gang, sonst erzählen Sie Ihrer Frau noch, das Fahrschulauto hat nur zwei Gänge." Aber vor mir fuhr weder ein Fahrschulauto, noch eins mit nur zwei Gängen, dafür ein überaus langsames. Überholen konnte ich wegen des Gegenverkehrs nicht. In mir wuchs die Ungeduld; die kleine Strecke am Berg wurde "zur halben Ewigkeit". Schließlich kam die Erlösung: An der Straßenmündung auf halber Höhe bog mein Vordermann ab - nun hatte ich freie Fahrt. Allerdings merkte ich sehr bald: Es war zu spät, die Steigung ließ mich nicht mehr stark beschleunigen. Dafür reichte die Motorkraft nicht mehr aus. So fuhr ich weiter, Meter um Meter bremste jetzt ich den nachfolgenden Verkehr aus. Bei aller Anstrengung und allem Kraftstoffverbrauch: Es ging nicht schneller.

Bei der recht langsamen und nervenaufreibenden Weiterfahrt kam mir plötzlich ein starker Gedanke: Was wäre, wenn dir jetzt auf deiner Fahrbahn ein Auto entgegen käme? - Ich konnte noch gar nicht so richtig darüber nachdenken, denn sekundenspäter kam mir tatsächlich – nicht auf der Gegenspur, sondern wirklich auf meiner Fahrspur über die Bergkuppe ein schwarzes Auto entgegen geschossen - und bog kurz vor mir auf seine richtige Spur ab. Mir blieb fast das Herz stehen. Sicherlich hatte er sich beim Überholen total verschätzt.

Nachdem ich mich vom ersten Schock erholt hatte, stieg mein Dank zu Gott empor: „Danke für den "Schleicher" am Anfang des Berges. Wäre er nicht gewesen, hätte es mir wohl möglich das Leben gekostet. Er wurde mir zum rettenden Engel – oder war es einer? „Danke, Vater im Himmel, dass du mich bei der hohen Geschwindigkeit des Entgegenkommenden vor dem eventuellen Tod bewahrt hast. Gelobt sei der Name des Herrn!“

Etwa 15 Jahre später: Ich fahre einen Leihwagen, weil mein Auto, mittlerweile ein anderes, in der Werkstatt stehen muss. In der Abenddämmerung bin ich unterwegs. Artur fährt mit, wir kommen von Frohburg und fahren auf der Straße nach Bad Lausick. Ich werde ungeduldiger, denn vor mir fährt ein kleines rotes Auto viel langsamer als möglich: 38 km/h wo 50 erlaubt ist. Das mag ich gar nicht. Auch wenn es nicht aus unserer Gegend kommt, kann man auf einer Dorfstraße ohne abbiegende Nebenstraßen schneller fahren. Überholen! Aber das geht nicht, denn die Straße verläuft in mehreren Kurven. Trotz Schleicher bin ich nicht lebensmüde. - Endlich ist der Ort zu Ende, aber der Schleicher fährt immer noch nicht schneller. O. k., er möchte mich vorbeilassen. Ist ja auch anständig von ihm. Ich überhole und fahre im möglichen Tempo Richtung Bad Lausick. Vor uns ein Wäldchen. Da huscht etwas über die Straße, mindestens zweimal sehe ich es. Was ist das? Wir kommen näher und können das letzte von ihnen sehen: Ein Wildschwein. Haben wir jetzt „Schwein“ gehabt? Hätte ich freie Fahrt gehabt, wären wir einige Sekunden eher an dieser Stelle. Und ein Wildschaden mit einem Leihauto ist nicht lustig, dafür um so teurer, weil die Selbstbeteiligung im Schadensfall viel höher ist als beim eigenen Fahrzeug. Und so müssen wir beide auch hier sagen: „Danke, Gott, für den Schleicher!“

Zum Nachdenken: Welche „Auto-Erlebnisse“ habe ich mit Gott gemacht? Wie hat er mich im Straßenverkehr geleitet und bewahrt?

<u>Stichwort:</u> Leistung, Gehorsam, Schule

Höchstleistung in der Schule

„Na, wie fiel die Mathematikarbeit aus?“ Mit dieser Frage des Vaters wusste Holger genau, was er wissen wollte. „Ich habe eine 1!“ „Zeig mal bitte.“ Eigentlich war diese Aufforderung unnötig, denn zum einen zeigt man eine Eins sowieso gern und zum anderen musste ja jemand unterschreiben. „33 von 34 Punkten. Wo fehlt dir denn der eine Punkt? Ach hier. Kannst du das nicht richtig?“ „Natürlich kann ich das, es fehlt ja auch nur ein Punkt, weil ich beim Ergebnis aus Versehen ein Komma falsch setzte.“ „Was heißt hier ‚aus Versehen'? Mathematik geschieht nie ‚aus Versehen'. Du musst dich besser konzentrieren. Dann klappt das auch.“ Damit war Holger erstmal entlassen.

Zwei Tage später: „Hast du deine Geschichtsarbeit wieder zurück?“ „Ja, heute gab sie uns der Lehrer wieder.“ „Und: Was hast du?“ „Eine Zwei.“ „Zeig mal bitte, wo hat denn die Säge geklemmt?“ Holger holt seine Arbeit aus der Schultasche. Der Vater las sich die Arbeit durch. Zum Glück kannte er den Stoff nicht sehr gut. Sonst hätte er ihm wieder gesagt, was gefehlt hatte. Natürlich hatte Holger alles gelernt, was sie im Unterricht besprachen. Aber nicht immer kann man alles Gelernte so anwenden, dass eine Eins heraus kommt. „Sicherlich hättest du besser lernen sollen. Dann wäre auch mehr heraus gekommen.“ „Aber es war die zweitbeste Arbeit!“ „Mag sein, aber es war keine Eins.“ Er unterschrieb – und Holger war erlöst.

Nun ist das nicht so, wie mancher vielleicht vermutet: Der Vater fordert nur Leistung. Auch gab es keine Schläge wegen unguter Zensuren. Nein, er setzt sich auch dafür ein. Denn jedes Wochenende ist Lernzeit. Da der Vater Sprachen kann, übte er auch mit Holger. Er ließ Texte lesen und übersetzen. Er ließ sich die Texte nacherzählen und verbesserte, wenn Holger etwas falsch sagte. Und auch Mathematik wurde geübt, auch Physik. Ansonsten musste schon mächtig gelernt werden, nicht nur mal am Morgen schnell in den Hefter hineinschauen. Das traute sich Holger schon gar nicht. Er lernte Geschichte, Biologie, Chemie und so manches andere Fach schon Tage, bevor die Arbeit fällig wurde. Und nicht nur das: Er lernte meistens den Schulstoff der vergangenen Stunde, wenn morgen das gleiche Unterrichtsfach dran kommt. Zum einen konnte es sein, dass der Lehrer eine kurze Zusammenfassung vom Schüler wollte, dann gab es eine Zensur darauf. Zum anderen ging das Lernen vor Arbeiten etwas schneller, denn man wusste ja doch noch einiges. Bei allem Leistungsdruck war Holger auch froh, dass er gute Zensuren nach Hause brachte. Wie würde der Vater reagieren, wenn er als Zensurendurchschnitt nur eine Drei hätte? Und wenn es wirklich mal nicht ganz so klappte, war ja noch die Mutter da: Eine Drei konnte man auch mal von der Mutter unterschreiben lassen. Sie war nicht so streng. Wenn aber der Vater eine Drei sah, dann musste sich Holger schon etwas anhören – ausgenommen in Sport, da gab es keinen Leistungsdruck; vielleicht, weil der Vater auch kein Sportsmann war. Aber sonst legte er schon Wert auf sehr gute Leistung.

<u>Zum Nachdenken:</u> Wie wichtig sind Leistungen im Leben? Was ist wichtiger: Leistung oder Beziehung? Wann hat das eine oder andere seinen Platz im Leben?

Stichwort: Versöhnung, Bruderkampf, Spielen

Versöhnung

Stefan holt sich das LEGO aus dem Spielregal, pflanzt sich auf den Teppich und beginnt zu spielen. Er baut eine Lokomotive, eine Dampflok aus schwarzen Steinen. Sie ist ein kompletter Bausatz und sieht wunderschön aus. Danach will er zwei Wagen zusammensetzen, aus roten Steinen. So richtige Kleinbahnwagen werden es, die vorn und hinten eine Plattform mit überstehendem Dach haben. Es wird ein toller Kleinbahnzug. Er weiß das, auch wenn der Zug noch nicht fertig ist, kennt er ihn schon von vorigen Bauphasen. In seiner Vorstellung ist alles schon fertig, was ihn natürlich beim Bauen beflügelt.

Während er am ersten Wagen baut, kommt der jüngere Bruder Max herein. Er sieht, wie interessant man mit LEGO bauen und spielen kann. Das möchte er natürlich auch. Er setzt sich dazu – und beginnt etwas zu bauen. Stefan fühlt sich bedrängt, denn wenn Max etwas Tolles baut, fehlen ihm die Steine oder Räder oder irgendwelche Platten. Er sagt ihm, dass er jetzt nicht bauen könne. Das sieht der Bruder nicht ein. Aber es sind zu wenige Bausteine, dass zwei Brüder ihre Kreativität entfalten können. Der eine baut, der andere fühlt sich bedrängt. Stefan nimmt ihm seine Halbfertigkeiten weg, weil er sie braucht. Das bringt Max natürlich auf die Palme. Der Ärger nimmt zu, der Schallpegel auch. Eigentlich geht es jetzt nicht mehr ums Bauen, sondern um das Besiegen des anderen. Ziehen, zerren, streiten, Wortfetzen, schieben und stolpern, schreien und schimpfen. Bruderkampf!

Natürlich wird hier ein Vermittler gebraucht. Allein bekommen die beiden das nicht mehr hin. Mutter kommt. Beide erklären ihren Standpunkt: Stefan hat sich das LEGO geholt und wollte eine Eisenbahn bauen (die Reste nach dem Kampfanschlag zeigen es noch). Max wollte auch damit spielen, sah es doch so interessant aus. Jetzt musste Mutter alle ihre Weisheit zusammennehmen: Was tun? O. k., im Kampf lässt sich keine Einigung finden – das sehen beide ein. Aber wie? Der Klügere gibt nach – aber man möchte nicht immer der Klügere sein. Beide können nicht zu gleich mit LEGO

spielen, auch das war klar. Wer darf? Der zuerst damit spielte? Eigentlich logisch. Aber man wusste nie, welches Argument vielleicht dem anderen zugute kam.
Hier endete der Kampf mit Versöhnung: Stefan spielte mit LEGO Eisenbahn und sein Bruder spielte mit der Blecheisenbahn. Denn dazu gab es sogar Schienen (die man bei LEGO nicht hatte, auch wenn Stefan das Problem auf seine Weise löste), dazu gab es nicht nur Personenwagen, sondern auch einen großen Güterbahnhof. So transportierte der eine auf den richtigen Schienen das Baumaterial für den anderen. Ein gemeinsamer Bahnhof war Symbol für die Versöhnung. – Wenn Versöhnung immer so leicht wäre!

<u>Zum Nachdenken:</u> Mit wem müsste ich mich versöhnen? Brauchte ich jemanden, der uns helfen könnte (wer und wie)? Wie könnte Versöhnung aussehen?

Stichwort: Glück, Freude am Leben, Fröhlichkeit

Mosaik des Glückes

Die Sonne scheint, keine Wolke ist zu sehen, ich sitze in der breiten Fußgängerzone und sehe mir die Menschen an. Was sehe ich?

Ein kleiner Junge sitzt auf einem Stein und ist voll beschäftigt. Da kann kommen wer will, er sieht sowieso nicht hin. Mir scheint, dass er seiner Lieblingsbeschäftigung nachgeht. Er sieht so rundum zufrieden aus, denn er darf ein Eis, ja sein Eis, essen. Einfach schön zu sehen: Wie er es genießt!

Ein alter Mann sitzt auf einer Bank unter einer Linde. Er schaut sich einfach so um, beobachtet die Spatzen und die Tauben, sieht dem Treiben einfach zu. Ein anderer Mann grüßt ihn von der gegenüberliegenden Seite. Er grüßt zurück. Ich sehe genau, wie sich seine Mundwinkel nach oben schieben. Er freut sich darüber; da hat jemand an ihn gedacht, den er wohl eine Weile schon nicht sah.

Ein Pärchen kommt miteinander entlang geschlendert. Sie bleiben mal vor dem einen Schaufenster, mal vor dem anderen Schaufenster stehen. Zwischendurch gibt mal er ihr einen Kuss, mal sie ihm einen. Dann drücken sie sich, schauen sich weiter die Läden an und umarmen sich schließlich. Sie sind glücklich.

Zwei Mütter schieben ihre Kinderwagen und reden mit einander. Ihnen scheint der Erzählstoff nie auszugehen. Ab und zu schauen sie zu ihren Babys. Diese schlafen ruhig. Und die Mütter erfreut es.

Ein Mann im Anzug läuft zügig entlang. Sein Jackett hat er über seine Tasche gelegt. Das sieht ja nach Feierabend aus. Jetzt schnell nach Hause – und die Beine hochgelegt. Er hat einen sehr zufriedenen Ausdruck.

Drei Schuljungen kommen über den Boulevard. Sie lassen für heute Schule und Hort hinter sich. Auch für sie ist Feierabend. Auch sie sehen sehr zufrieden aus.

Dann sehe ich zwei Fahrradhelme. Natürlich verbirgt sich darunter mehr: Ein Mädchen kommt auf ihrem Fahrrad. Und ihre Mutter kommt hinter her. Vielleicht endet für beide gleich die Fahrradtour. Das Mädchen freut sich, dass sie Fahrrad fahren kann und die Mutter freut sich über ihre heranwachsende Tochter. Ein schönes Bild.

Ein Ehepaar sehe ich kommen. Sie haben ein Ziel, zumindest laufen sie so. Aber er sieht zur Seite in ein Schaufenster, plötzlich stößt er bei ihr an. Beide lachen, denn auch sie schaute zur Seite in ein Schaufenster. Dabei verliert man die Spur, aber das scheint beiden nichts auszumachen. Schön, das Lachen eines Menschen zu sehen.

Eine alte Frau setzt sich zu mir auf die Bank. Nach einer Weile: „Na, junger Mann, Sie haben wohl auch nichts zu tun?" „Ja, im Moment sieht es so aus. Ich gucke einfach so, mal sehen, was ich so erblicken kann." „Das ist auch eine Art Humor. Aber ich muss jetzt weiter. – Wissen Sie, es tat mir gut, mal ein paar Worte mit jemandem zu wechseln. Zu Hause kann ich nur mit meinen Möbeln reden. Sonst ist niemand da. Danke – und noch einen schönen Tag." Und dann wackelt sie davon.

Dann sehe ich jemand: Einen jungen Mann mit zwei Kopfhörern auf dem Haar. Er hört Musik, denn er wippt dazu den Takt. Sie scheint ihm zu gefallen. Auch wenn er sicherlich jetzt nicht für andere offen ist, denn er hört ja nur seine eigene Musik, fühlt er sich rundum wohl.

Und hier, auf meiner Nachbarbank – ja gibt es denn so etwas noch? Da setzt sich eine junge Frau hin, holt ein Buch aus der Tasche und beginnt zu lesen. Das muss noch nichts Besonderes sein. Aber ich erkenne ganz klar das Buch, das sie liest. Das ist kein Roman, auch kein Fachbuch, erst recht kein Comic, auch kein Katalog von Douglas – das ist eine Bibel. Je länger ich sie beobachte wie sie in der Bibel liest, desto mehr sehe ich, wie sie von innerem Frieden erfüllt ist. Phantastisch, dass es so etwas auch noch gibt.

Während ich so die Menschen sehe, denke ich an ein Lied von Udo Jürgens. Es heißt „Glückliche Menschen". Ich kann es mit ihm empfinden: Es ist einfach schön, Menschen zu sehen, die glücklich und zufrieden sind. Es steckt an. Nur muss man sich dazu ein bisschen Zeit nehmen.

Zum Nachdenken: Wieviel Zeit nehme ich mir fürs Glücklichsein? Was macht mich glücklich und zufrieden?

Stichwort: Plan, Hausbau, Autorität, Gesetzespflicht

Der Hausbau

Vielleicht erscheint manchem die folgende Geschichte als reichlich merkwürdig. Sicherlich ist sie auch nicht als Bauanleitung gedacht, aber sie macht uns manches verständlich.

Frank und Ulla wollen sich ein Haus, ein Eigenheim wie sie es nennen, bauen. Dazu kauften sie sich ein Stück Land, am Wald wunderbar gelegen und nicht zu teuer. Sie ließen sich mit einem Architekten ein, mit dem sie ihr Traumhaus konzipierten. Die Zeichnung war fertig, der Bauantrag gestellt. Schließlich konnte die Firma mit dem Bau beginnen. Die Anschlüsse für Strom, Gas, Wasser und Abwasser wurden gelegt, der Keller ausgehoben, das Erdgeschoss wuchs allmählich. Sie freuten sich auf ihr neues Zuhause.

Da wurden sie von ihren Freunden, von Gerd und Magret, eingeladen. Diese hatten ein gemütliches Wohnzimmer. Auf dem Nach-Hause-Weg meinte Ulla: „Du, ein Erker im Wohnzimmer wie ihn Gerd und Magret haben wäre auch nicht schlecht. Könnten wir ihn nicht auch einbauen lassen?“ Und so fuhren sie am nächsten Tag auf die Baustelle, sprachen mit dem Bauleiter über alles. Auch wenn es einige Wochen Zeitverzögerung gibt, wollte der Bauleiter den Erker nachträglich einbauen. Alles klar.

Steffi rief ihre Freundin Ulla an. In diesem ganzen Baustress noch nebenbei im Berufsleben wäre es doch nicht schlecht, wenn Ulla sie mal besuchen käme. Gesagt, getan: Ulla fuhr in die Nachbarstadt zu Steffi. Frauen können ja in drei Stunden sehr viel mit einander bereden. Außerdem sorgte auch der neue Bau für reichlich Gesprächsstoff. „Du, Ulla, du solltest dir unbedingt ein Arbeitszimmer für deine Wäsche, für die Maschinen und die Bügelecke einrichten. Sonst sieht dein Wohnzimmer immer total unordentlich aus. Besuch lässt sich da nur schwerlich empfangen.“ Das erschien Ulla vernünftig. Zu Hause sprach sie mit ihrem Frank über diesen Plan. Allerdings war für diesen Raum kein Platz vorgesehen. „Wir müssten das Haus erweitern. Wann ist es nicht besser, als jetzt, wo sowieso alles gebaut wird.“

So fuhren sie wieder auf die Baustelle und sprachen mit dem Bauleiter. Noch eine kleine Bodenplatte angießen und darauf den Arbeitsraum für die Wäsche bauen – na gut. So entstand zwar mit etwas zeitlicher Verzögerung der neue Wäscheraum.
„Und habt ihr auch einen Balkon?“ wurde Frank von seinem Freund Lutz gefragt. „Nein, ich denke, eine Terrasse reicht.“ „Aber, stell dir vor, du stehst Sonntag Morgen auf, die Sonne lacht und du kannst erst Mal auf den Balkon treten, dich in der schönen Morgenluft strecken und die Welt in dich aufsaugen. Das ist doch absolut.“ Frank merkte, dass die Idee von Lutz gar nicht so schlecht ist. Da das Dach noch nicht begonnen war, konnte auch dieser Traum vom eigenen Morgen-Luft-Balkon verwirklicht werden.
Schließlich besuchten Gerd und Magret Frank und Ulla und wollten sich mal den Bau ansehen. Stolz zeigten die beiden den Baufortschritt. Frank: „Ich finde das Häuschen ja schmuck. Wenn ich aber die Heizung sehe, solltest du variabler bauen. Gas ist teuer, gerade für ein ganzes Haus. Du solltest dir noch einen zweiten Ofen für Holz einbauen lassen, dazu einen Abzug. Du wohnst am Wald, da fällt immer Holz an, das du in der Übergangszeit zum Heizen nehmen kannst.“ Das leuchtete ein. Und Frank und Ulla überlegten, wie sie am besten noch einen Holzofen stellen könnten. Allerdings musste Ulla ihren Vorratskeller opfern, damit auch dieser Plan verwirklicht werden konnte.
Steffi rief wieder an: „Na, Ulla, wie steht es mit dem Bau? Hast du im Dachgeschoss auch ein Gästezimmer einrichten können, wenn ich mal zu euch komme?“ Daran hatte Frank und Ulla noch gar nicht gedacht: Ein Gästezimmer am Wald. Das wäre doch eine tolle Sache. Das Dach war bisher gar nicht als Ausbau gedacht. Aber Steffi hat Recht. Wenn wir sowieso bauen … Und so sprachen sie mit der Firma – andere hätten es selbst gemacht, aber das konnten die beiden nicht – und die Firma riss eine Wand wieder ein, setzte nachträglich noch eine stabile Treppe ein, was nicht ganz einfach war, und baute das Dachgeschoss aus.
Natürlich kam es, wie es kommen musste: Eines Tages war das schöne Häuschen fertig. Sie zogen ein und genossen ihr neues Haus in Waldesnähe. Sie fühlten sich wie im Paradies, es war phantastisch.

Irgendwie hatte die Bauaufsicht von diesem schönen Häuschen gehört und meldete sich zu einem Besuch an. Frank und Ulla dachten, dass die Frau vom Bauaufsichtsamt mal zu Besuch an den Waldrand kommen wolle und boten ihr gleich ihr schönes Gästezimmer an. Aber die Frau hatte etwas anderes zu tun. „Der Erker ist ja gar nicht auf der Bauzeichnung. Auch stimmt die Außenform des Hauses nicht mit der Antragstellung überein. Wofür haben Sie denn zwei Schornsteine, geplant war nur ein Abzug. Können Sie mir zeigen, wo auf der Zeichnung der Balkon eingetragen ist? Und die Treppe einschließlich der Ausbau des Daches war nicht vorgesehen." Frank und Ulla konnten sich im Moment gar nicht so sehr über ihr schönes Häuschen freuen. Denn die Frau schien ihr Häuschen nicht so schön zu finden wie die beiden und wollte es noch teurer machen, als es ohnehin schon war. Was konnten sie nur tun?

<u>Zum Nachdenken:</u> Was hätten die beiden tun sollen? Unser Leben kann mit einem Hausbau verglichen werden: Sind wir mit unserer Lebenskonstruktion einverstanden?

Stichwort: Weihnachtsbaum, schimpfen, Bequemlichkeit, Kreativität

Unser bester Weihnachtsbaum

In unserer Männerrunde erzählte jemand folgende Geschichte:

Ich kam am 23. 12. früh von Montage zurück. Hinter mir lag eine mehrstündige Nachtfahrt, denn ich wollte so kurz vor Weihnachten nach Hause. Ich war müde und wollte am liebsten schlafen, zu Hause im eigenen weichen Bett. Nach der Wiedersehensfreude meinte meine Frau: „Du, wir brauchen noch einen Weihnachtsbaum." „Ja." Sie: „Wir brauchen ihn bald, damit genug Zeit bleibt, ihn zu behängen." „Ja, das reicht doch morgen noch." Sie: „Aber gleich früh." „O. k." Ich war erleichtert, dass ich an diesem Tag erstmal Ruhe hatte. So konnte ich mir die unbedingt notwendige Pause gönnen.

Am nächsten Morgen überlegte ich, wo ich einen Baum herbekommen könnte. Zum Fahren hatte ich keine Lust. Irgendwo hätte ich bestimmt noch einen bekommen. Aber woher ohne großen Aufwand? Ich suchte in unserem Grundstück nach einem, obwohl wir unsere Nadelbäume nicht für den Weihnachtsmann anpflanzten. Aber vielleicht gab es doch einen ... Und ich entdeckte einen geeigneten: Zwei Blaufichten standen dicht neben einander. Sie sahen wunderbar aus. Auch wenn sie Blickschutz zum Nachbarn bedeuteten, worauf meine Frau viel Wert legte, könnte eine fallen. So schlich ich mich aus dem Haus, nahm die Säge, legte mich so hinter den Baum, dass mich vom Wohnhaus aus niemand sah und schnitt die eine Blautanne ab. Durch die Garage brachte ich den wunderbaren Baum ins Haus und ins Wohnzimmer. Alles ging gut; keiner entdeckte mich bei meiner Tat. Es war ein herrlicher Weihnachtsbaum; auch wenn ich wusste, dass es irgendwann ein Donnerwetter geben wird. Jetzt war ich mit mir und dem Baum rundum zufrieden.

Eines Tages im Frühjahr saßen wir auf unserer Bank im Garten. Meine Frau guckte nach links, dann nach rechts. Ich wusste sofort, was los war. Sie sah wieder nach links, dann nach rechts. Dann meinte sie: „Irgend etwas stimmt hier nicht." Ich: „Wieso? Wir sitzen doch schon immer hier." Damit war im Moment das Schlimmste verhindert. – Aber dann kam die Zeit, in der der Rasen gemäht werden musste. Sie

schob den Rasenmäher und kam zwangsweise an die Stelle, an der mal zwei Blaufichten standen. Da sah sie plötzlich die Stelle, an der mal ein Baum stand, den kleinen Stumpf. Und jetzt brach über mich das Schimpfgewitter herein. Auch wenn ich wusste, eines Tages hätte sowieso mal einer von beiden weichen müssen, denn sie wären in einander gewachsen, musste ich jetzt erstmal alles über mich ergehen lassen.
Und doch: So einen schön gewachsenen Weihnachtsbaum hatten wir nie wieder.

Zum Nachdenken: Habe ich etwas getan, was ich hätte nicht tun sollen? Ist etwas auf komische Art und Weise gelungen?

<u>Stichwort:</u> Vergangenheit kennen, Verhalten verstehen

Fotos

Manchmal schauen wir uns ein Fotoalbum an. Manchmal finden wir ältere Familienfotos, einfach so in eine Tüte gesteckt. Dieses Stöbern in alten Fotos, egal ob im Album oder in einer Tüte, ist eine wahnsinnig starke Entdeckungsreise in die Vergangenheit. Solche Bilder sind für mich und unsere Kinder hoch interessant. „Wer ist das denn auf dem Bild?" „Das ist meine Großtante, die Schwester von meiner Oma, daneben meine Urgroßmutter, daneben eine Bekannte, die mit bei meinen Großeltern wohnte." Und wir staunen über ihre dunkle, fotogene Bekleidung; wie sie damals aussahen, dass es kaum vorstellbar ist, dass diese alten Menschen in unsere Sippe gehören. Aber es ist so. - „Wer ist dieser Soldat hier?" „Es ist mein Großvater. Ich kenne ihn selbst nicht, weil er im zweiten Weltkrieg gefallen ist." Und wir unterhalten uns darüber, wer er war, wie er wohl zu meinem Vater, zu seinem Sohn gewesen sein könnte, obwohl auch er ihn kaum kennt; dass er ein schöner junger Mann war und meine Oma einen guten Geschmack hatte, was Männer angeht. - „Wer ist denn dieser junge Mann?" „Das ist mein Vater, euer Opa." „Waaas? Das ist Opa? Der sieht doch ganz anders aus." Und wir tauschen unsere Eindrücke aus und verstehen, dass so ein Erscheinungsbild damals modern war, auch wenn es schon einen gewissen Gegensatz zu heute darstellt. - „Wer sind die beiden Jungen hier? Bist du da mit drauf, Papa?" „Ja, der hier mit der Brille bin ich." „Waas? Das bist du, Papa? Dich hätten wir hier nicht erkannt." „Oma war ja in jungen Jahren eine gut aussehende Frau. Heute ist sie ja nun etwas älter geworden." Wir lachen über uns und die Bilder von früher. - „Hier siehst du aber ängstlich aus." „Das Bild ist fast eine Rarität: Denn heute dürfte es so etwas kaum geben. Wir waren als Familie im Leipziger ZOO, es muss Anfang der 70er Jahre gewesen sein. Da gab es die Möglichkeit, sich mit einem jungen Löwen auf dem Schoß fotografieren zu lassen. Später fand ich immer nur die Möglichkeit, auf einem Pferd sitzend ein Foto zu bekommen, wie hier das spätere Bild." - „Und hier, wer bist du hier?" „Ich bin der, der die Hand hebt. Das machte ich vorsorglich, weil ich später mich mal erkennen wollte." Und ich erzählte, dass ich während des Studiums im DRK mitarbeitete und wir auch Ausbildung in Zivilverteidigung hatten. Dazu gehörte auch das Üben des An- und Ausziehens der Gummischutzkleidung. Mit Atemmaske und Schutzanzug sahen wir alle gleich aus. Unser Leiter machte von uns ein Foto, auf dem ich mit erhobenem Arm zu sehen bin. - Und plötzlich taucht ein Schwarz-Weiß-Bild auf einem Briefbogen auf. Meine Familie erkennt mich sofort: Ich bin der, der hinter der Windschutzscheibe zu sehen ist; ich beim Autofahren. „Na, Papa, wo war das denn?" Dabei lächelt die Familie. „Das war auf dem Berliner Ring als ich zu Onkel Bernd fuhr. Ich habe das gar nicht gemerkt, als sie mich blitzten. Wochen später bekam ich einen Brief mit diesem Bild. Zum Glück war es nicht sehr viel Geld, was man von mir wollte." - Weitere Bilder kamen uns zu Gesicht: Hochzeitsfotos, Fotos mit meinem Bruder und mir als Kinder, Fotos von Jugendfreizeiten mit meiner Frau (wo sie als junges hübsches Mädel zu sehen war. Wir stellten auch mit meiner Zustimmung fest, auch wenn sie heute älter ist, ist sie immer noch hübsch.). Wir sahen Bilder aus meinem Berufsleben, Bilder mit unseren Kindern, Bilder von ihrer Schulzeit. Manchmal lachten wir über die Darstellung. Manchmal erzählten wir die Geschichten, die zu diesen Bildern gehören. Manchmal wunderten wir uns, wie der eine oder andere aussah.

Solche Bilderstunden vergehen immer wie im Flug. Es ist einfach zu schön, vergangene Zeiten zu sehen und zu vergleichen, wie die Leute damals und heute aussehen. -

Eigene Geschichte zu kennen, lässt uns heute vieles verstehen: Warum sind wir so? Warum können wir das eine und das andere nicht? Wo sind unsere Wurzeln, woher kommen wir?

Zum Nachdenken: Welches Vergangene gehört zu dir und hat dich geprägt? Wie gehst du mit deiner Vergangenheit um?

Printed by Books on Demand GmbH, Norderstedt / Germany